良渚文化とは何か

雄山閣

序　良渚と中華五千年の文明

　時間と空間とは、本当に奇妙な組み合わせである。星空を仰ぎ見ると、渺茫たる大宇宙が見える。きらきらと光る星々は、永遠に変わることなく天幕にはめ込まれているようだ。しかし、われわれは現代科学によって、光年が距離の単位であることや、星空にきらきらと輝く光が宇宙の彼方ではるか遠い昔に放たれたものであることも知っている。時空を超えるのは、星空を仰いだり俯いたりするような一瞬の間のことなのだ。

　そのような気が遠くなるほどの時空の壁を一瞬で超えることができる学問がある。それが考古学である。我々の手で開いた時空の扉から、我々を人類の歴史のそれぞれ異なる瞬間に連れて行ってくれる。その中でも、5000年前というのは特別な時点だ。

　世界に目を向けると、5000年前は、文明が誕生した大変革の時代であった。世界のいくつかの広大な流域で、申し合わせたかのように初期文明が芽吹いている。例えば、ナイル川流域の古代エジプト文明、メソポタミアのシュメール文明、インダス川流域のハラッパー文明など。では、5000年前の中華文明はどこにあったのだろうか。この問いかけに、学界は長期にわたって悩まされてきた。都市、文字、青銅器などの国際的な文明の基準となるものについて一つ一つ考察してみると、中国の古代文明は、甲骨文字が現れた商代から始まったようで、更に時間を遡ることはかなり難しいのである。

　考古学では、文字が現れる前の歴史を「先史」と呼ぶ。中国の先史時代においては、一万年前から、広大な版図上にあらわれた様々な地域的単位の中でそれぞれ特色のある文化の系譜が生み出されて

総　序　良渚と中華五千年の文明

きた。考古学では、これを「満天の星」と呼ぶ人もいる。しかし、中国の先史時代は長い間過小評価されてきた。今まで、我々は、夏商を文明の起源探究の出発点、黄河文明を中華文明の核心としてきたため、周辺地域のレベルの高い遺跡・遺物の歴史的価値を過小評価しがちであった。例えば、遼西の紅山文化、江漢地域の石家河文化、太湖流域の良渚文化、晋南の陶寺文化、陝北の石峁（シーマオ）遺跡などがこれに当たる。しかし、文明の起源の探究が進むにつれて、「満天の星」のいくつかには、すでに文明の火花が現れていたことが次第にわかってきた。「良渚」は、そのなかでも特殊なものの一つである。

　約5300年前、長江下流地域に、玉を尊崇する考古学における文化—良渚文化が突如として現れた。玉器はそれ以前にも尊ばれ崇められていたが、この時になって空前の繁栄を遂げた。良渚人にとっての玉器は、それ以前の人々が好んだ装飾品としての玉器とは違い、美しさだけを求めるものではなかった。これらの玉器は、玉琮を代表として、鉞、璜、璧、冠状飾、三叉形器、牌飾、錐形器、管などによって玉礼器の系統を構成し、身分、権力あるいは富の象徴となった。最高権力を有する者が亡くなり墓地である人工堆積台地に埋葬される際には、すべての種類の玉器を共に埋葬することで生前の無限の尊さを示した。また、礼玉によく見られる刻印「神徽」（神人獣面紋）は、良渚人共通の信仰を表す。この玉器の所有者は良渚の政治的支配者であり、自らを神の化身とし神の意図を行使する者だと信じていた。副葬される玉器の種類と数は、彼らの階層と職責の範囲を示している。杭州余杭の反山・瑤山、常州武進の寺墩、江陰の高城墩、上海の福泉山などの遺跡では、きわめて高位の人物の墓群が発見されている。そこから、良渚文化の分布範囲はい

くつかの異なる統治機構にまたがっており、数多くの小さな国が共存していたことが窺える。そして、その中の一つである余杭の反山遺跡周辺で良渚文化の遺跡が次々と発見された。これらの集中的に分布する遺跡群は、保存状態がよく、現地で考古学的調査のための作業が着実に進められてきた。今になって振り返ってみると、これによってひとまとまりの良渚文明としてとらえることができるようになったと言える。さもなくば、繋がりなく点々と発見されていた遺跡が、良渚古城という王国の一部分であろうことなど誰も思いつかなかったはずだ。

　今現在、我々の目の前に現れているのは、大きさが故宮八つ分ほどもある良渚古城である（6.3km^2）。良渚古城は、宮城、内城、外郭城からなる三重構造で、宮殿、王陵、囲壁、堀、壁内の水上交通網、城外の水利システムもあったことから、一国の王都として、その規模は十分すぎると言える。文字と青銅器を除けば、良渚文化はすでに国家としての文明の水準に達していた。もし、我々が視野を広げ、且つ柔軟な思考を持ち合わせるならば、現行の文明社会の基準が、それによってある文化が文明社会にあるか否かを判断するような凝り固まった公式となってはならないことがわかるであろう。青銅器は文明社会の儀礼の面において規範を示す役割を担ったが、良渚文化では玉器がその役割を果たしている。文字は言葉を記録し思想や文化を伝承するものであるが、良渚文化では文字システム自体はまだ発見されていない。しかし、玉の礼器に刻まれている文様から当時の人々の思想が広い範囲で統一されていたことがわかり、大型建築工事にみられる良渚社会の優れた組織管理能力から文字に相当する情報伝達の手段があったに違いないことがわかる。このように、良渚古城が発見されたことで良渚文明の存在が確実なものとなった。

総　序　良渚と中華五千年の文明

　良渚文化に関連する考古学研究（以下、良渚考古学）はすでに 80 年以上続けられてきた。1936 年の施昕更氏による良渚の黒皮陶と石質道具の発見に始まったこの研究によって、今日では、良渚文化は中国古代において最初に初期国家の形態を成した地域の文明であると定義されている。そして、1959 年に夏鼐氏によって「良渚文化」と命名されてから、学界は徐々にこの文化の様々な個性や特徴を理解し始めた。今日に至るまでに、良渚文明について行われた各分野の網羅的な研究とその解釈によって、良渚の国家形態は具体的に分かってきた。

　本書は、主として浙江省文物考古研究所の良渚考古学に注力している青壮年学者によって編纂されたものである。内容は、ここ数年間の杭州市余杭区瓶窯鎮の良渚古城遺跡における考古学的発見と研究をめぐるものであり、極めて膨大な情報が含まれている。例えば、一般の人々が関心を持つであろう良渚古城遺跡のさまざまな側面、良渚考古学の発展過程、良渚時代当時の環境と動植物、良渚文明における最高級墓地の代表である反山王陵、人々の話題となっている良渚の高水準の玉器、日用品としての多種多様な良渚陶器などである。このほか、世界の古代文明という視点から、その時期における国内外の文明との対照や、メディアが特集した良渚についての妙趣あふれる一連の報道集なども含まれる。本書が、読者の方々の良渚文明への興味をかき立て、さらに多くの人々の歴史的探究心を啓発するものになると信じている。

　おそらく多くの人は、「良渚文明と中華文明には、一体どのような関係があるのだろう」と問わずにはいられないだろう。なぜなら、近現代の歴史のとらえ方によれば、我々は華夏の子孫であり、「良渚」というものがあることなど知らないからだ。これは容易に理解でき

る。我々の観念における文明とは、夏商以降、周秦漢唐から現在に至るもので、黄河流域に政権が置かれていた国家文明、すなわち大一統の中華文明を指す。考古学界が「中華文明の起源探求プロジェクト[1]」を始動したのは、まさに最初の文明がどのような形態だったのかを理解するためである。つまり、最初の文明社会について予断を持ってのぞむのは適切ではないだろう。今から5000年前という時点において、良渚文明が地域的な文明であったことがわかっている。このことから他の地域を類推すると、遼西には紅山文明が存在したかもしれないし、長江の中流域には石家河文明が存在したかもしれない。しかし、考古学上の発見には限界があるため、これらの文明形態が本当に存在したか否かについてはまだ確定できない。良渚文明は、4300年ほど前から徐々に衰退していったが、この文明の要素は、良渚玉器とともに秩序正しく伝承され、その影響は中国全土に及んでいる。このことからわかるように、地域的な文明であってもその影響力は限定的な範囲にとどまらず全体に及ぶのである。

人の移動や交流は旧石器時代から途絶えることなく続いている。さまざまな規模、さまざまな程度、さまざまな形の人口移動は、文化と文化の衝突、交流、融合をもたらした。地域的な文明も動的プロセスの一つである。今現在、良渚文明は、我々が確実に証明できる中国最古の文明である。その後の1000年余りの間に、陶寺、石峁（シーマオ）、二里頭文明が相次いで現れ、繁栄し、これによって地域文明の中心地域は絶えず変化してきたわけであるが、この持続的な過程の中で、儀礼、階層社会の形態、都市構造などの文明要素

---

(1) 中国"九五"国家科学技術重点プロジェクト「中華文明起源与早期発展総合研究（中華文明の起源と初期の発展についての総合的研究）」の略称である。

が絶えず伝承され、交流し、夏商にまで伝わった。実は、夏・商二つの文化も、それぞれの地域で発展してきた地域的な文明で、夏商の王朝交替も夏・商の二つの地域的文明の交替である。ただ、夏・商いずれの地域的な文明も比較的広い範囲に及んでいたため、その交代は中原逐鹿というような様相になった。そのため、真の大一統的な中央集権国家は秦から始まったと考えられる。つまり、良渚から商周までは、中華文明が地域的文明から大一統的な文明になる一連の時期で、分割して捉えることは決してできないのである。

劉　斌
2019年5月良渚より

まえがき

　近年、「良渚」はトレンドワードの一つとなっている。各種メディアで、良渚古城や良渚文化の紹介、宣伝をよく見かけるようになった。しかし、これらの紹介の大部分は、考古学的発見の経緯、発見された遺物・遺構及び性質の分析に集中している。すなわち、「因果」の「果」の紹介である。本書では主に「因」の解析に趣旨を置く。つまり、良渚文化が現れた背景を明らかにし、それを基に、良渚の基礎集落、中規模集落、そして良渚古城におけるそれぞれの形態と構造、またその裏にある社会組織の構造、及びイデオロギーの中で玉器を媒体として表された信仰と権力構造について分析を行う。枝葉を除き、最も明確な論理という幹に沿うように、良渚社会の姿と構造の枠組みの記述を試みる。

　それゆえ「良渚文化とは何か」と名付けた。

目　次

序　良渚と中華五千年の文明 ……………………………… 劉　斌　I
まえがき ………………………………………………………………… 7

第一章　良渚とは ……………………………………………………… 9

第二章　良渚文化の形成背景と起因 ………………………………… 33
　一　5500B.P.の気候変動と生業モデルの革命 …………………… 35
　二　集落の拡散と移転 ……………………………………………… 47

第三章　最初期の江南 ………………………………………………… 55
　一　人工土台という集落形態の形成 ……………………………… 57
　二　点状に密集分布した集落 ……………………………………… 62
　三　集落群の形成 …………………………………………………… 65

第四章　集落の等級と社会 …………………………………………… 67
　一　基礎集落の構造と社会編成の変革 …………………………… 70
　二　二級集落の構造と分析 ………………………………………… 91
　三　一級集落の構造と分析 ………………………………………… 109

第五章　権力と信仰 …………………………………………………… 177

訳者あとがき ……………………………………………… 陳文君　187

第一章　良渚とは

良渚とは

　良渚と呼ばれるものは、本義としての地名以外に、考古学的な用語体系の中で、良渚遺跡、良渚文化、良渚遺跡群、良渚古城、良渚古国、良渚文明など多くの概念に関わるため、一般に混同されやすい。そのため、議論を始める前に簡単に説明したい。

良渚遺跡とは

　良渚遺跡は、考古遺跡の一つである。
　考古遺跡とは、古代のヒトの活動の跡を指し、ヒトがさまざまな用途のために建てた建築群だけでなく、ヒトが自然を利用、加工した跡も含まれる。各遺跡には明確な空間的範囲がある。考古遺跡は一般に発見した地の地名から命名される。例えば、西安の半坡遺跡、偃師二里頭遺跡などは、村名から命名された。
　しかし、良渚遺跡の命名は比較的特殊である。施昕更が1938年に編纂した最初の考古報告書『良渚：杭県第二区黒陶文化遺跡初歩報告』において、碁盤墳、近山、長明橋などを含む12か所の遺跡を記録しており、その多くが良渚鎮、瓶窯鎮などの範囲内に分布していたため「良渚」と命名された。このことからもわかるように、良渚遺跡とはそもそも単一の遺跡の名前ではなく、地域内のいくつかの遺跡の総称である。

良渚文化とは

　良渚文化は、考古学的な文化の一つである。文化という言葉は、一般に、人間社会が、科学、技術、芸術、教育、精神生活及びその他の方面で達した成果の全てを指す。しかし、考古学においては、

第1章 良渚とは

　文化という言葉はある特定の意味で用いられる。それは、考古学的発見の中で、同じ時代に属し、特定の地域に分布し、且つ共通の特徴を持つ一連の遺物を指している。例えば、考古学による調査において、何種類かの特定のタイプの器物が、特定の地域のあるタイプの居住遺跡或いは墓からしばしば一緒に出土した場合、これらの何種類かの器物のグループは一定の組み合わせ関係を有する一連の遺物と見なされ、一つの文化と称することができる。なお、考古学的な文化は、一般に初めて発見された典型的な遺跡のある地名に因んで命名される。

　良渚遺跡は、1936年には発見されていたが、当時は、山東龍山文化が南のほうに伝播したものに属すと考えられていたため、新たな考古学的な文化としての命名はなされなかった。しかし、その後数十年の間に、良渚地区以外の、上海市、江蘇省などでも多くの類似した文化様相の遺跡が発見された。これらに対する認識が高まっていく中で、1959年に、夏鼐氏がこの一連の遺物の文化の様相が独特であることから、山東龍山文化とは別に単独で命名すべきだと指摘した。施昕更氏がこの文化の遺物を初めて発掘した地が良渚であったため、学界の通例によりこの文化を良渚文化と命名した。

　良渚文化は、今から5300～4300年前、中国の長江デルタ太湖平原地域に分布し、発達した稲作農業を基礎として、美しい琮、璧、鉞など一式の玉器を産出し、鼎、豆、缶、壺を使用した新石器時代後期の文化の一種である。考古学的な文化という概念は、同一時期の異なるタイプの遺物を区分するために用いられるほか、同一地域の時代によって異なるタイプの遺物を区分するためにも用いられる。それぞれの考古学的な文化は、いずれも特定の時空範囲があり、同じ時期であっても地域によって異なる文化が分布していた。例えば、

良渚文化と同じ時期には、海岱地域の大汶口文化、長江中流域の屈家嶺文化などがあった。良渚文化が分布していた太湖流域には、さらにその昔、今から7000〜6000年前の馬家浜文化、5900〜5400年前の崧沢文化があり、その後、銭山漾文化と広富林文化へと繋がっていった。これらは、良渚文化と源流を共にする関係にあるが、基本的な文化の様相がかなり異なるため、異なる文化として分類されている。これらは良渚文化と共にこの地域の考古学的な文化の系譜を構成するものである。

良渚文化の分布の中心地域は太湖周辺である。現在すでに発見されている良渚文化遺跡の分布範囲は、おおよそ湖州を西限、銭塘江を南限、上海を東限、寧鎮地域の東側の丹陽一帯を北限としている[1]。そのため、良渚文化の遺跡には、太湖流域全域の江蘇省南部、浙江省北部及び上海の多くの遺跡が含まれる。例えば、上海青浦福泉山遺跡、江蘇省武進寺墩遺跡、浙江省嘉興双橋遺跡などである。近年、長江以北の江蘇省蒋庄遺跡や浙江省銭塘江南岸の小青龍遺跡などでも良渚文化の遺跡が発見され、良渚文化の分布範囲がさらに拡大した。当初の統計では良渚文化遺跡の総数は600か所余りで、そのうち良渚遺跡（群）は135か所であった。現在、地下探査が進み、遺跡の総数は1000か所近くにのぼると推定されている。

以上のことから、良渚文化遺跡とは複数の遺跡を含む概念で、良渚遺跡はその中の一部であることがわかる。

良渚遺跡群とは

良渚文化圏内では、遺跡の空間的分布の密度は均等ではない。良

---

(1) 朔知：「良渚文化的範囲─兼論考古学文化共同体」『南方文物』、第2期、1998。

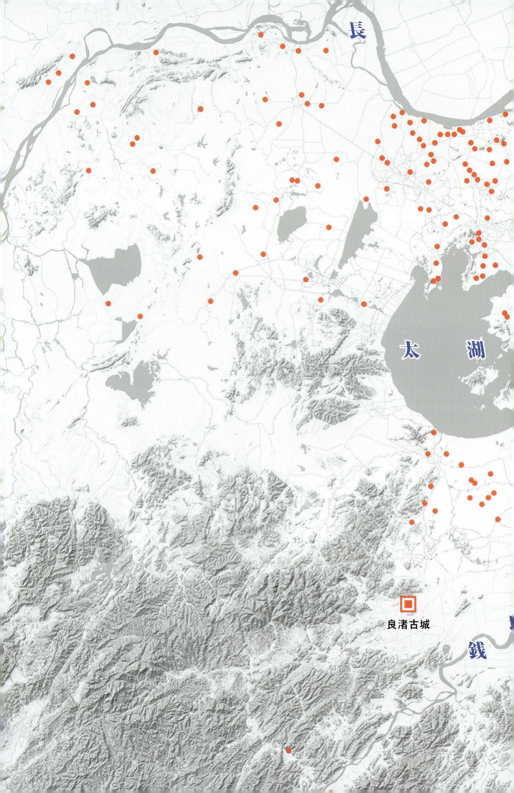

図 1-1 良渚遺跡の分布

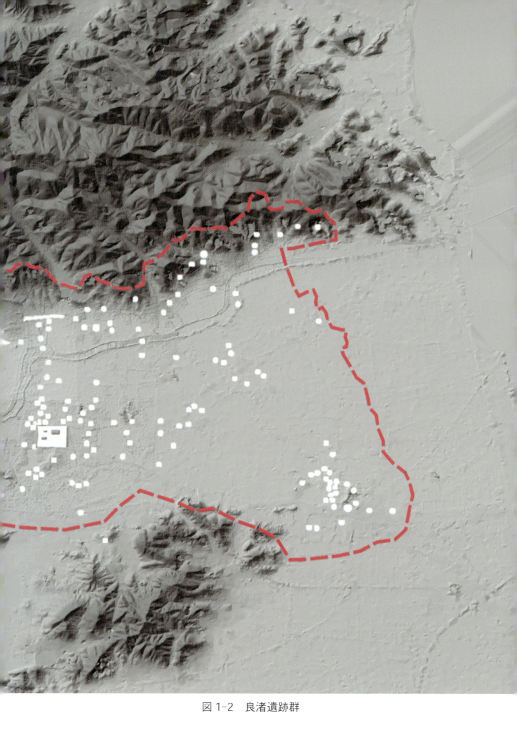

図 1-2　良渚遺跡群

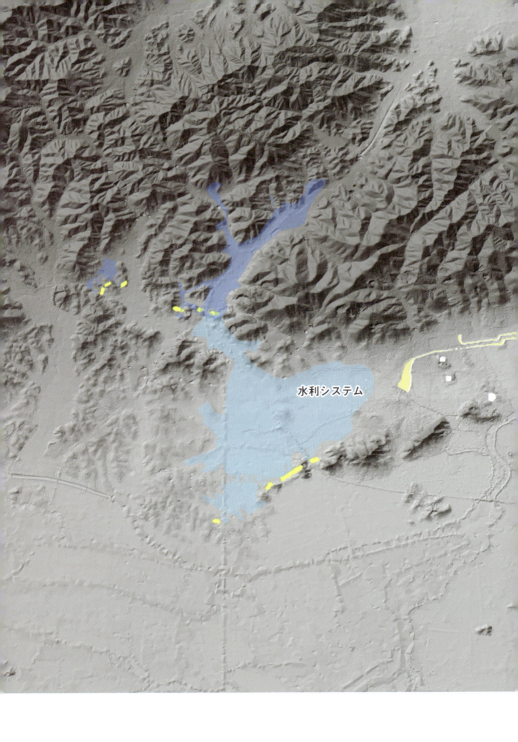

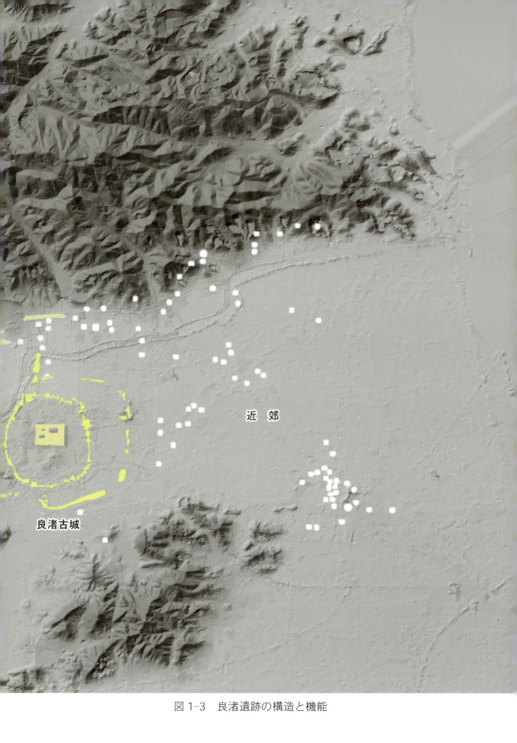

図 1-3　良渚遺跡の構造と機能

渚文化遺跡の分布平面図（図1-1）からみると、いくつかの区域では遺跡の数が多く、群を成すように集中的に分布し、ランクの高い中心集落もあった。各区域の間は、水域や河道などが多く、遺跡の分布が少ない、ないしは遺跡分布の空白域である。考古学界では、このようなブロック状に集中的に分布している遺跡を遺跡群[2]または集落群[3]と呼ぶ。分布状況から、太湖周辺の良渚文化遺跡は、いくつかの区域に分けることができる。太湖以南の良渚から瓶窯区及び臨平区までの地区、太湖東南部の嘉興地区、太湖東部の江蘇省南部から上海西部までの地区、太湖西北部・長江以南の江陰から武進までの地区、太湖西岸の湖州から宜興までの地区である。

　これらの区域の中では、良渚から瓶窯までの区域についての研究が最も盛んに行われている。

　1936年、施昕更氏によって12か所の遺跡が発見されて以来、その後の数十年の間に良渚から瓶窯までの区域内で更に多くの遺跡が発見され、1985年には遺跡の総数が50か所近くあるとの統計が出された。1986年、王明達氏はこの地域内の遺跡の分布が特に密集していることに注目し、これらの遺跡が特に密接な関係にあることを指摘して、良渚遺跡群という概念を提示した。したがって、良渚遺跡と良渚遺跡群とはほぼ同じ意味で、各遺跡の分布する範囲全体がこの遺跡群の境界となっており、且つ、新しい遺跡の発見に伴い拡大する。1990年代、良渚遺跡群の大体の範囲は、西は呉家埠まで、

---

(2) 王明達：「"良渚"遺址群概述」、余杭県政協文史資料委員会編：『良渚文化』（余杭文史資料第三輯）、1987；王明達：「良渚遺址群田野考古概述」『文明的曙光―良渚文化』、浙江人民出版社、1996。

(3) 丁品：「良渚文化聚落群初論」、西安半坡博物館、良渚博物館編『史前研究（2004）』、中国博物館学会史前遺址博物館専業委員会第五届学術研討会暨西安半坡遺址発掘五十周年記念文集、三秦出版社、2005；浙江省文物考古研究所、桐郷市文物管理委員会：『新地里』、文物出版社、2006。

東は羊尾巴山から良渚鎮の一帯まで、北は大遮山の南麓まで、南は小運河の南岸までと定められ、その面積は 33.8 km² であった。2002年には、遺跡の総数が 135 か所となり、それをもとに定められた良渚遺跡群の保護範囲は、西側で塘山の西端の毛元嶺まで広がり、南側で新 104 国道まで広がって、総面積は 42 km²（図 1-2）となった。

　この十数年の間に周辺の水利システムが発見されたことに伴い、考古学者たちは、良渚遺跡群の境界がまた西に向かって更に拡大して総面積が 100 km² となり、遺跡の総数が 300 か所余りに達したことを明らかにした。考古学界は、2006～2007 年に良渚古城の城壁の位置を確定し、2009 年には良渚古城の外郭の存在も確定した。このことから、学界では、良渚遺跡群とは、実のところ、良渚古城、周辺の水利システム、及び郊外の各種類の遺構全体を指すのだと認識されている（図 1-3）。良渚遺跡の研究は、曖昧な良渚遺跡群という概念を徐々に消し去ってゆき、構造的枠組みと機能研究を主とした都邑考古学という新たな段階に進んだ。

良渚古城とは

　良渚古城は、良渚遺跡群の中心である余杭区瓶窯鎮に位置する（図 1-4）。良渚古城の都市構造の主体は三層に分けられる。最も中心にあるのは、莫角山、皇墳山宮殿区、及び反山王陵などで構成される宮城区であり、その外側は城壁と外郭で二重に囲まれている。城内面積は 290 万 m² で、外郭で囲まれたエリアの面積は 630 万 m² である。土塁の高さも、内から外へと次第に低くなり、明らかな階級差を表している。このように、良渚古城は後世の王都と類似する宮城、内城、外郭城という三層構造で形成されている（図 1-5）。これは中国最古の三層構造都市で、画期的な意義を有している。また、

図1-4　良渚遺跡とC型盆地

第 1 章　良渚とは

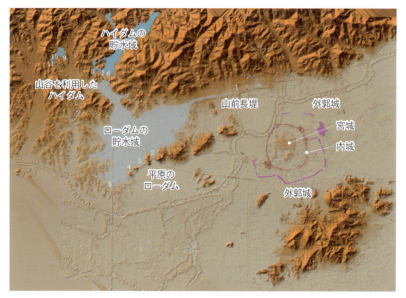

図 1-5　良渚古城とその水利システム

　古城の北部と北西部には、大規模な水利システムと天文暦算と関係がある瑶山と匯観山祭壇が分布している。これらの重要な構造、及び多数の小さな遺跡からなる近郊と遠郊によって、良渚古城という都市全体が構成されている。
　良渚古城の発見は、それまでに良渚から瓶窯までの区域で発見されていた各遺跡の空間関係に客観的かつ確実な解釈の根拠をもたらしただけでなく、考古学界に良渚文化が到達していた文明の高さをも再評価させることとなった。厳文明氏は、良渚古城を良渚文化の「首都」と称した[4]。良渚古城は、良渚文化の中核である。

---

(4)　厳文明：「良渚随筆」、『文物』、1996 年 3 期。

良渚古国とは

　良渚文化期における社会組織の構造について、ある学者は「都―邑―集」という捉え方を提案している。それは、良渚文化圏の全域を統一的な政体と見なし、前述した異なる区域をその組織の中の階級の異なる構成部分とするものである。具体的には、良渚遺跡群を当時そこに存在した国―古国の「都」とし、他の区域の中心エリアを「都」の下位組織の「邑」とし、都と邑を囲むように分布している数多くの小さな遺跡を基礎集落の「集」として、ピラミッド型の集落階級モデルが形成されていたと考えるものである。

　そのほかに、各区域（またはさらに小さい区域）を同時期に存在した古国と見なし、この状況を「万国林立」とする捉え方もある。この見方では、各区域内に集落が上述のものと同様のピラミッド型で存在しており、さらに各区域には集落群を統率するランクが高い中心集落があったとされる。また、各区域における中心集落の規模の差は、初期の各国家間の実力の差の表れと見なされている。例えば、福泉山、趙陵山などの集落は区域の中心にあり、莫角山の良渚古城と同様に「都」としての性質を持つが、その実力は良渚古城に劣っていたと捉えられる。

　良渚古城が太湖流域全域をカバーする一大国家の王都だったのか、それとも良渚文化圏におけるいくつかの初期国家の中の一国の王都だったのか、今は断定できない（図1-6）。

　良渚古城が確認されてから、われわれはただ単純にすでに発見された遺跡の分布とそれらの関連性から考察することを改め、山川の地勢など空間と景観という更にマクロな視点から、良渚遺跡の背後にあるこの古国の王都を考察するようになった。今現在、この古国

図 1-6　良渚文化の主な遺跡のエリア区分と社会的等級
（中華人民共和国文物局提供地図による）

第 1 章　良渚とは

図 1-7　良渚古城とＣ型盆地

の範囲を確定することはできないが、自然地理という視点でみると杭州周辺のＣ型盆地の 1000 km² の範囲内だったと言える。その北、西、南の三方は山に囲まれていて、東側の臨平から嘉興までの間は良渚時代（今から 5300〜4300 年前）には大きな川で隔てられていたため、相対的に独立した地理的単位が形成されていた（図 1-7）。そして、北側には、良渚遺跡群と臨平遺跡群があり、南側の区域には現在判明している限りでは、良渚遺跡が 10 か所余り分布している。以上のことから、当面、この範囲を比較的小さな「国」と画定できると思われる。

良渚文明とは

　良渚文明とは、良渚文化において成し遂げられた社会的発展のレベルに対するある種の評価でありその性質を定めるものである。
　1968 年、イギリスケンブリッジ大学のグリン・ダニエルは『文明の起源と考古学』において、クラックホーンが 1958 年に提示し

た文明の三大基準を引用した。一つ目は都市（住民数5000人以上のもの）、二つ目は文字、三つ目は複雑な儀礼建築である。ただし、古代については、残されている情報が少ないため、この三大基準のうち文字とほかの二つのうちの一つ、合計二つの基準があれば、その社会を文明社会と判断できるという。この基準が東洋に伝わった後、冶金術の発明と使用がもう一つの基準として追加され、前述した三大基準と共に中国国内で通用する文明社会の四大基準となった[5]。この基準からみると、良渚にはすでに王都レベルの都市があり、莫角山、反山、瑶山などの日常生活の需要を超える大型の儀礼建築もあることから、一つ目と三つ目の基準を満たしている。文字については、良渚では現在600以上の記号が発見されており、その中には順序立って組み合わされるものも少なくないことから、これらは原始文字につながるものであるとも考えられる。しかし、発見された記号の大部分は基礎集落から出土したものであり、莫角山などでは殷墟の小屯のような王朝文字で書かれた記録は発見されていない。このように、これまでのところ、考古学界では、良渚文化における文字実態に関する研究は極めて不十分な状況であるため、原始的文字が存在していた可能性があると言うことしかできない。また、冶金術については、今までに、良渚では金属製錬の跡は発見されていない。

　しかし、上述の文明社会の基準は、本質的には、当時すでに知られていたいくつかの文明から抽出された共通要素である。そして、新たな文明社会の数が増えるにつれて、このような共通要素は減っていくに違いない。例えば、国際的にはインカ文化はすでに文明の段階に入っていたとの共通認識があるが、この文化には結縄の記録

---

(5)　李学勤：『輝煌的中華早期文明』、光明網（中国）

法しかなく文字はなかった。また、グリン・ダニエルのその他の関連する論述を見てみると、彼もこの問題に対して柔軟な見方をしていることがわかる。このことからこの基準も新たな発見と共に絶えず修正することができる、もしくはそうするべきだと思われる。

　2018年、中国"九五"国家科学技術重点プロジェクト「中華文明探源工程（中華文明の起源探求プロジェクト）」を総括する際、中国の考古学者は中国文明の四つの特徴を新たに次のようにまとめた。1. 農業と手工業の発展の基礎、2. 社会の階層及び社会の構成員における明らかな分化現象の出現、3. 中心的な都市の出現、4. 大型建築の建設。これは、欧米の学術界がそれまで提示していた文明を定義する基準とは異なるものであった。北京大学考古文博学院の趙輝教授は、上述の四つの基準は中国の歴史的特徴に合っていると同時に、中国の歴史的特徴をも反映していると指摘し、この基準に従来の基準にあった文字と青銅冶金術という二つの基準が含まれないのは、「人類の歴史の発展には、普遍的な面もあり、特殊な面もあるということの表れで、特殊な面とは我々が中国文明の研究において発見、総括した他の文明とは異なる箇所である[6]」と指摘した。たしかに、この新たな基準は、中国文明の発展の実情に合っていると思われる。

　仏教には「指月」という経典がある。その中で無尽蔵尼が六祖慧能に、「字も知らないあなたが、どうして経典の真理をつかみとれるのですか。」と聞いている。これに対して慧能は「真理は文字とは関係ない。真理とは空にかかる明月のようなものだ。文字は月を指し示す手の指のようなもの。指は明月のありかを指し示すことはできるが、指そのものは明月ではない。」と答えた。前述の文明の

（6）　搜狐網：http://www.sohu.com/a/233205697_100017627

基準も月を指し示す手の指のようなもので、文明の本義とは月そのものなのではないだろうか。文明を研究する際、それぞれの文明の具体的な特殊性を無視し、機械的に既存の基準に当てはめるという行為は、月を見ずに指を見ていたずらにむだな思索を重ねるようなものだろう。では、文明の月はどこにあるのであろう。エンゲルスは「国家は文明社会を総括するものだ」と言った。良渚社会がすでに国家という段階に入っていたと証明できれば、すでに文明社会であったことは疑いようがないだろう。

　良渚考古学は、80年の努力によって、次のような成果をあげた。一つ一つの遺跡から遺跡群までの発見、貴族墓地から城壁までの発見、古城から外郭、さらに十数km離れた水利システムまでの発見、石、玉などの遺物から加工工房までの発見、さらには周辺の基礎集落及び稲作遺跡の発見である。これらの一連の発見は、かつての輝かしい文明の真の姿を明らかに示している。これはまさに、ある学者が「ここでは、我々は良渚に文明があったか否かを議論する必要はない。考古学的な発見と研究によってすでに十分に証明されている」[7]と指摘した如くである。

　良渚文化に関連する考古学研究がもたらした相次ぐ発見によって、国際学術界においても中国の初期文明についての新たな認識が生まれた。イギリスケンブリッジ大学のコリン・レンフルー男爵は、良渚は東アジアにおける最古の国家社会であり、中国の国家社会の歴史を1000年引き伸ばすものであり、それは、エジプト文明やメソポタミア文明とほぼ同じ時期になる、と指摘した。

---

(7)　陳勝前：「為什麼夏是一個問題」『読書』、2019年第2期。

第二章　良渚文化の形成背景と起因

《 キーワード 》
・5500B.P.の気候変動（B.P.は絶対年代の略称で、1950年を基点とする放射年代を指す。5500B.P.は紀元前3550年である。）
・稲作農業
・移住による人工土台
・文明の段階に入った良渚社会の形成を促したものは何であったのか。
・良渚社会の様相はどうであったのか。
・良渚文化は、稲作農業の基礎の上に成り立っている文明形態であり、その出現は、気候の変化及び長江デルタ地域の環境の変遷と密接に関わっている。

一　5500B.P.の気候変動と生業モデルの革命

　良渚文化の分布地域は長江デルタの太湖平原で、自然地理ではこの地域を江南と称す。江南といえば、中国人なら、霧雨が煙る中に佇む小さな橋や水の流れという詩的な情景を思い浮かべる。中国人の心の中では「江南」とは単なる地理的な概念ではなく、人文の概念でもあり、中国の伝統観念においては、豊かで美しい生活を表象する。そのため、他の地域を称賛する時にも、「塞北（万里の長城以北の土地）の江南」「チベットの江南」のように「江南」という言葉がよく使われる。

　太湖流域の地形環境は数万年の間に大きな変化を遂げており、実際に、今の江南の地形が現れ始めたのはかなり後のことであった。

　後期更新世の末期、長江デルタにおける太湖を中心とした地域は、なだらかな丘に広がる台地だった。当時の気候は寒く、旧河谷以外の大部分の地域は暗い緑色か黄褐色の粘土層に覆われていた。後期更新世の末期、最終氷期によって地球規模の海退が起こり、今から1.5万年前、海岸線は現在の東海大陸棚の水深155mのところまで後退した。当時の江南地域の環境の特徴は高山草原と類似しており、渇水の上に寒く、且つ土地がやせていて、ヒトの居住に適していなかった。完新世以降は地球全体で気候が暖かくなり海水面が急速に上昇したが、7000B.P.前後に上昇率が転換点を迎え、これ以降、海水面の上昇スピードが鈍化した。これにより、この地域における環境が、海水面の変化からとても敏感に影響を受ける段階に入った。海水面の上昇によって河川の勾配が小さくなり、河口地域の堆積速度が海水面の上昇速度を遥かに上回っていたため、長江が運んできた大量の土砂が河口に堆積した。また、それによって、長江デルタ

第二章　良渚文化の形成背景と起因

地域における前期の硬質粘土層の表面が、厚さ2〜5mの微細粒子状の沈殿物の層に覆われることとなった。そして、この層の土壌には大量の有機物（比率は0.5％以上）が含まれていたため、植生の発育に有益であった。太湖平原の形成はヒトに広々とした活動の舞台をもたらした。今から7000年前から、太湖流域でヒトが活動するようになった。

　自然地理的な視点から見れば、江南の中心である太湖流域は、形成されて以来ずっと自然環境に優れた地域であったことはなく、トルファン盆地とともに中国で最も環境が厳しい二つ地域のうちの一つであったとされている。それは、太湖地域の東は海に接し地勢が低いため、海抜僅か2〜4mの皿状の低湿地となっており、海水面の変化から影響を受けやすいためである。この地域は今日でもよく水害が発生している。先史時代、太湖平原の沿海部には防潮堤がなく海水準の変化と銭塘江の潮の満ち引きから直接影響を受けていた。また、この地域は季節風区に位置しており、季節ごとの降水量の変動が激しいため、しばしば干ばつの影響も受ける。しかし、このように環境が脆弱であったにもかかわらず、多くの人が集まり、輝かしい先史文化が創造された。そしてまた、歴史時代には国家の穀倉地帯として発展し「蘇湖熟すれば天下足る」（太湖周辺（主に蘇州、湖州）の稲作は、全国の米の需要を満たす）と称賛されて、中国の中でも、人と自然が最も調和した、創造的精神と活力に最も満ち溢れた地域となった。その後の歴史の中でのこうした発展の起因は、5500B.P.に起こった気候変動にまで遡ることができる。

　気候は歴史を変えるとよく言われる。生産力の低い原始時代ではなおさらである。

　古代の気候に関する研究によれば、完新世の前・中期の地球の気

候は全体的に湿度が高くて暖かかったことがわかっている。しかし、完新世の気候は不安定で寒冷化現象もしばしば発生した。そのうち、地球規模の気温の急変は4回あり、気温低下幅のピークはそれぞれ12000B.P.、8200B.P.、5500B.P.、4200B.P.に起こっている。このような気温変化現象は往々にして突発的に発生し、その後、数十年から数世紀にわたって続いたため、気温変化のふり幅はかなり大きかった。また、当時は社会の生産力が低かったため、このような突発的で大幅な気温変化は早期のヒトの活動とその文化に重大な影響を与え、さらには人類社会の発展の方向をも変えた。

　ホモ・サピエンスは20万年前に現れたが、それに続くほとんどの時間を採集と狩猟に費やしてきた。しかし、12000年前にヤンガードリアス期に入り、一部の地域では気候が異常に乾燥・寒冷化し、環境収容力が大幅に低下した。ホモ・サピエンスはやむをえず農業生産への道に踏み出し、ヒトは農業革命の時期へと進みだした。だが、それは栽培農業が採集経済に取って代わったということを意味しない。今から約一万年前の浙江省の上山文化の研究によると、そのころ既に初期の稲作農業が現れていたが、まだまだ生産手段としての比重が小さかったという。その頃の稲作については、土器の胎土に混入した何粒かの籾殻が見つかった程度であり、生業の主体は未だなお採集と狩猟であったと確認されている。その後、8200B.P.前後に起きた降温現象は地球寒冷化（Global Chill）と呼ばれ、アフリカの温度の降下幅は7〜8℃に達し、中東地域では約200年間干ばつが続いたため、レヴァントとメソポタミア北部地域の住民は、農業による定住生活を放棄することとなった[8]。そして、この寒冷

---

(8) 呉文祥・葛全勝：「全新世気候事件及其対古文化発展的影響」、『華夏考古』、2005年第3期。

化の後、地球は完新世における気候の最適期に入った。太湖平原という小さな地域においては、今から 7000 年前の新石器時代の遺跡がほとんど発見されていないため、それ以前の二回の気候変動からどのような影響を受けたのか、今のところ知る術はない。

　太湖平原地域は、今から 7000～6000 年前の期間は、大西洋気候期に属していた。いわゆる完新世における気候の最適期である。遺された胞子や花粉から湿熱の中亜熱帯気候環境であり、年平均気温は今より 2～3℃高かったことがわかる。こうした気候と環境の好転はヒトが生活するための条件を揃えた。これまでの考古学的調査から、今から 7000 年前の馬家浜文化の先人は太湖平原より高くて気候のよい地域に現れたことがわかっている。その後の崧沢文化前期の人々の生活環境も馬家浜文化期とほぼ同様で、長江デルタ全域の大部分が平原沼沢地であり、広大な水域もあった。例えば、杭嘉湖平原の一部の地域は、かつて潟湖、沼沢、或いは水深が浅い海湾であり、ヒトの居住には適していなかった。この時代のこの地域における文化遺跡は数が少なく、空間的に散在しており、馬家浜文化と重なる遺跡が多い[9]。

　この期間の主な生業モデルは採集と狩猟で、稲作農業は初期と比べて進歩していたものの、依然としてその役割は補助的なものであった。中国と日本の学者が共同で行った余姚市田螺山河姆渡文化遺跡の植物遺存体のサンプリング調査の結果、採集されたドングリとひしの実の個体の絶対数は、イネ種子よりも遥かに多いことがわかった。ドングリやひしの実の大きさとイネ種子の大きさの明らかな違いも考慮したうえでこれらをカロリーに換算してみると、米が

---

(9) 高蒙河：「長江下遊文明化初期的人地関係――多学科交叉的実践与探索」、『復旦学報（社会科学版）』、2005 年第 2 期。

当時のヒトの食に占めた比重はさらに小さくなる。また、太湖地域における馬家浜文化から崧沢文化前期までの生業モデルは、河姆渡文化期のものと類似している。そこからも、その時期の社会経済は初期の開発段階に属していた、つまり、狩猟と採集が主で、農業は補助的であったと思われる。この形はその後数千年にわたり安定的に発展していった。

　5500B.P. の気候変動は、このような状況を根底から変えた。

　この地球規模の寒冷化は、完新世における最も著しい気候変動現象の一つであり、ヒトはこれによって都市革命の時代へと突入した。

　メソポタミア（チグリス川とユーフラテス川の間の土地）の 7500～5500 B.P. の期間の気候は、湿潤であったために海岸線は地球寒冷化時期より内陸へ侵入し、侵食距離は長いところでは 180km にも達した。また、南部の沖積平野は土地が低いため沼沢地が延々と続いていてヒトの居住には適さなかった。先人は主に相対的に高く、乾燥した北部地域に居住していた。これらの地域では、いくつかの村落の生活を維持することはできたが、比較的大きな文明地域を形成することは容易ではなかった。しかし、5500B.P. に起きた気候変動をきっかけに、メソポタミアの気候は干ばつへと転化し始めた。この時、南半部の沼沢地が乾燥し始めて肥沃な土地になり、それまで他の高地に分散していた人口がメソポタミアに大量移住し、この地域の人口圧が高まった。集まった人口は、一つ一つ有機的で互いに繋がりのある全体となり、次第に都市規模の集落が形成されていった。また、増加した人口は灌漑システム構築のための豊富な労働力となった。およそ紀元前 3000 年の最初の数世紀の間、人々は水利システムの構築に組織的に取り組み、多くの土地を農地に変えた。人口圧が高くなるにつれて、規模の比較的大きい村落と都市が形成され、

発達していった。そこで、人々が神殿や城壁などの大型公共建築物を建造し、文字も現れた。メソポタミアの文明社会はここから形成された[10]。

　これと似たような変化は、アフリカでも起きている。5500B.P. に起きた気候変動のもたらした乾燥した冷気によってアフリカは「サハラ干ばつ」に見舞われ、砂漠の中のオアシスは再砂漠化し、湖は面積が縮小したり干上がったりした。これによってサハラ中部と南部の湖周辺に定住していた人々が去り、そこは移動型遊牧民族の土地となった。また、サハラ砂漠で生活していた牧畜民も、ナイル河谷、あるいは三角州平原へと移動することとなった。そのほか、この時期、上エジプトの人が北に向かって拡大させていた勢力が下エジプトまで達し、下エジプトは植民地となった。このように各地からナイル河谷あるいは三角州平原に流入してきた人口で、この地域の人口圧が倍増した。これによって発生した問題に対処するため、人々は人工灌漑を始め、技術革新を行った。その結果、農業生産量が増加し剰余財産も増加したことから、手工業の分業、私有制の確立、階級の形成、原始文字の登場がもたらされ、国家の形成が始まった。

　中国では、5500B.P. に起きた気候変動は仰韶中期の寒冷期と呼ばれている[11]。この現象によって、ヒトが高地から低地への移動を余儀なくされ、このことが黄河の中上流域における初期の人類の遺跡数が減少した原因となった。

　上述した地球上の各地域は遠く離れているが、この 5500B.P. に

（10）呉文祥・劉東生：「5500aB.P.気候事件在三大文明古国古文明和古文化演化中的作用」、『地学前縁』2002 年 3 月第 9 巻第 1 期。
（11）呂厚遠：「新石器以来北温帯草原文化与気候変遷」、『文物保護与考古科学』、1991 年 3 月第 2 期；呉文祥・葛全勝：「全新世気候事件及其対古文化的影響」、『華夏考古』2005 年第 3 期。

起きた気候変動におけるヒトの対応には次のような共通点が見られる。ヒトは、それまで居住していた地域を離れて、高地から低地へと移動した。それとともに、生業モデルは、採集と狩猟を主としたものから作物栽培を主としたものへと切り替わった。

太湖流域のヒトの活動においても、これと全く同じ影響が見られる。つまり、生業モデル、居住形態、宗教形態、社会組織形態など全ての面で革命的な変化が引き起こされたのである。ちなみに、良渚文化もこのときに興り、良渚古城が築かれ、文明が花開いた。ただし、上述した他の地域では、大麦や小麦、キビ、粟などの栽培を主とした乾燥地農業が行われていたが、太湖流域で発達したのは、水田稲作農業であった。この地域の人々は世界で最も早く稲作文明の形態を創造したのである。

5500B.P.の気候変動はこの地域に古くからあった動植物資源の欠乏をまねき、日増しに大きくなっていた人口規模の維持が難しくなった。動物考古学によると、崧沢文化後期から良渚文化期にかけて、食用肉の主体は、シブゾウやキバノロなどの野生動物から、豚などの飼育動物へと変わったことがわかっている。このような食生活の変化は、事実上、自然資源がすでに人々の日常生活のニーズを満たすことができなくなっていたことを示唆している[12]。このような気候変動がもたらした変化に対応するため、崧沢文化後期から、人々は経済生活の形態を変えることで新しい外部環境に適応していった。この変化の主軸は稲作農業が漁猟と採集に取って変わり、経済の柱となったことである。これに伴うように、人々も谷間から平原地域へと拡散・移動し、江南水郷生活という新たな生活様式を

---

(12) 陳杰：「長江三角洲新石器時代文化環境考古学考察綱要」、『中国社会科学院古代文明研究中心通訊』第4期。

第二章　良渚文化の形成背景と起因

作り上げた。

　稲作農業は、当時すでに長い発展の道のりを経ており、この地域の初期文化においても長い歴史を持っていた。例えば、上山遺跡では今から約一万年前の栽培稲の遺存体が発見されている。この時代以前は、コメがヒトの主食ではなかったため、ヒトの経済活動はイネの収量の増加を主な目的とはしておらず、稲作は緩やかに発展する粗放的農業経営の段階に置かれていた。しかし、5500B.P.の気候変動以降は、人々がそれまで生存の頼りとしていた生業モデルが突然ニーズに合わなくなり、早急に代わりの主食を見つけなければならなくなった。米は大麦や小麦、キビ、粟とくらべて栄養のバランスがよく、保存しても栄養や食感を保てるため、採集したドングリやひしの実よりも長期間の保存にも適している。さらに、当時この地域の水資源と気温の環境条件も稲作生産に適していた。そのため、長い栽培の歴史を持つコメが代わりの主食として選ばれたのも当然と言えるだろう。稲作農業が主な生業手段となった時、稲作用地及び単位面積当たりの生産量が切実な課題となった。このようにして、イネの育種、水田環境の保全、耕作技術など多くの農業技術及び稲作農具の設計・製作能力も急速な発展を遂げることとなった。

　馬家浜文化期と崧沢文化前期の段階では、稲作専用農具は不足していた。当時の主な石器というと、斧や、錛（ちょうな）、鑿（のみ）などで、数も少なく、主に伐採あるいは木器の加工に使われ、農耕にも兼用されていたにすぎなかったようだ。

　一般に、機能が一つしかなく、ある機能専用に用いられる用具は、その使用頻度が非常に高くなった時に現れる。崧沢文化後期以前では、漁猟、採集、木工に用いる道具は種類が豊富で機能が優れているのに対し、稲作専用農具は乏しいことから、経済活動における水

一　5500B.P. の気候変動と生業モデルの革命

稲栽培の比重は低かったことがわかる。しかし、崧沢文化後期には、石犂や耘田器などの農耕専用の道具が現れている。そして、良渚文化期になると農業生産に使われる道具の数と種類はさらに増え、形も多様性を増し、石鎌などのような機能が明確な新器種も現れている。良渚文化期の石犂は数が多く種類が揃っているだけでなく、巨大な形をしたものもあった。石犂が使用されたことから、イネの収量を高めるために精耕細作（集約農業）農法をとるようになったことがわかる。石犂とは、連続的に天地返し（耕地の表層と深層を入れ替えること）をするための道具で、一般に大きい面積の耕耘で使われるものである。それを使うことで、生産効率を高めることができ協働も必要となる。良渚の墓では、石鎌や石犂などの農業生産道具が、鼎、豆、缶などの生活用の器物とともに、制度化された副葬品となっている。このことから、農業が主な生産手段となっていたことが窺われる。

　馬家浜文化期と崧沢文化期においては、イネの形は未だ不揃いであった。綽墩遺跡で発見された炭化米は、その形がやや小さく野生イネとほぼ同じであり、粒によって形状の差異が大きく、長粒形、楕円形、中間形など様々な形があった。このことから、当時のイネは、ヒトがイネ栽培を始めてから間もなくの原始栽培型であり、野生イネから栽培イネへの進化の過渡期に属していたと推測できる[13]。これは当時のヒトがイネの収量を差し迫って求める状況にはなく、選種に干渉することがほぼなかったことを意味する。しかし、崧沢文化後期、良渚文化前期になると状況は一変し、水稲の粒が大きくなり始め、形も安定するようになった。これはヒトが選種、

---

(13)　湯陵華：「綽墩遺址的原始稲作遺存」、『綽墩山―掉墩遺址論文集』、『東南文化』2003年増刊。

人為的な播種、栽培に力を入れていたということである。澄湖遺跡で発見された炭化米の形が綽墩遺跡から出土した炭化米より大きいのは、その地域の人々が長期にわたって栽培・選種を行なってきた結果であろう。つまり、新石器時代初期から中期の数千年間、イネの形がずっと不安定だったのは、ヒトがイネの形を安定させるような干渉をあまり行わなかったからである。実際、コメが主食になるとまもなくイネの形は変化していった。

ところで、崧沢文化前期の集落は馬家浜文化の分布の特徴を引き継いだため、そのほとんどが狭い谷間あるいは平原地域の麓などに位置していた。このような場所は、集団的生業モデルにおける採集や狩猟などの活動を展開するのに適している。そのため、この時期の稲作農業は、単に宴あるいは越冬時の短期的食料不足に対応するためだけに行われていたようであり、イネの収量に対する要求は低く、谷間と麓にある小さな水田だけで需要を満たすことができていたようだ。

しかし、コメが主食となり生産技術の改良や品種育成の強化を行なっても人々の需要を満たすことができなくなった時、耕地面積の拡大によってイネの収量を増やさざるを得なくなった。これは、生産性が低い先史時代においてはより重要で普遍的な方法である。

では、どこへ行けば良い新田を開拓できるのだろうか。

人々が注目したのは河川が網のように広がる東部の太湖平原だった。

イネは、生物的属性として水と暖かい気温を好むものである。イネの成長に必要な環境を端的にまとめると、十分な暖かさ、豊富な水資源、平坦な地形、排水と灌漑に適した地理的条件、豊富な労働力である。古くは『淮南子』の『説山訓』に「稲生于水（イネは水の

一　5500B.P. の気候変動と生業モデルの革命

中で育つ作物である)」という記載があり、西晋の楊泉は『物理論』の中で、イネとは灌漑作物の品種の総称であると指摘している。稲作について、厳文明が次のように具体的に指摘している。稲作農業の水田は確実に畦畔で囲い、水田の中の地面は水平になっていなければならない。さもなければ、イネの苗は干ばつ或いは浸水に見舞われる。そのほか、干ばつ時に必要な水を供給し、浸水時に排水ができる灌漑排水の施設も必須である[14]。また、稲作は労働集約型の農業活動であるため、精耕細作(集約農業)の生産形態では十分な労働力が必須とされるものである。

　この時期の太湖流域の気候と降水の状況は、イネの成長に非常に適していた。広富林、福泉山、及び馬橋遺跡で採集された胞子と花粉の分析結果によると、崧沢文化から良渚文化への過渡期及び良渚文化前期のこの地域の気候は比較的温かく湿潤で、湿生植物の占める割合が高く、アカザとヨモギが生い茂る沿岸湿地の環境であった[15]。気温は今よりやや高く、降水量も多く、イネの成長に有利な水資源と気温の条件が揃っていた。

　この時期の海水面の状況も稲作の発展に非常に有利であった。今から約5000年前、元々比較的高かった海水面が今の海水面とほぼ同じ高さに下がっている[16]。一万年前から現在までの海水面の変化曲線を見ると、良渚文化前・中期の一時期、海水面が低くなっている。これによって、ヒトの活動範囲が拡大し、稲作農業の発展の

(14)　厳文明:『農業発生与文明起源』、科学出版社、2000年。
(15)　張玉蘭・宋建・呂炳全:「広富林遺址考古新発現及先人生活環境探析」『同済大学学報:自然科学版』2002年12月第30巻第12期。封衛青:「福泉山考古遺址胞粉組合与先人活動環境分析」『福泉山——新石器時代遺址発掘報告』、文物出版社、2001年;洪雪晴:「馬橋遺址的自然環境重建」『馬橋:1993—1.997年発掘報告』、上海書画出版社、2002年
(16)　王靖泰・汪品先:《中国東部晩更新世以来海面昇降与気候変化的関係) >.《地理学報》1980年第4期。

第二章　良渚文化の形成背景と起因

ための広大な空間がもたらされた。

　馬家浜文化期と崧沢文化前期のこの地域の人々の主な居住地は谷間で、平原の一部の地域は居住に適さなかったため、杭嘉湖平原地域に居住する人は少なく、一部の山麓斜面地にしか居住しなかった。しかし、この時、太湖を中心として皿状の窪地が形成され始めた。海水面が比較的安定し堆積物も十分にあったため、この地域の東部には貝殻でできた砂浜がいくつか形成された。俗にいう「岡身」である。杭嘉湖平原（杭州・嘉興・湖州）の南岸沿いにも砂嘴が断続的に分布していた。岡身と砂嘴によってこの地域は海との繋がりが断たれ、それと同時に、長江などの水系がもたらす豊富な堆積物質を得ることもできなくなった。地上堆積が主に表面流出に依るものとなったため、堆積速度が遅く、厚さがやや薄く、土地が低くなった。また、ボーリング調査において採取した堆積物の特徴の分析から、およそ 5500B.P. 前後、太湖を中心とした皿状の窪地がすでにその原型をとりはじめていたことがわかっている。皿状の窪地が形成された後は、岡身による海陸の隔たりにさらに自然堆積が加わって、元々ヒトの居住に適していなかった地域が次第に淡水の湖沼環境となり、ヒトが生存できる広大な活動領域となった。また、これが崧沢文化後期に遺跡が多いことの理由でもある。

　以上をまとめると、太湖平原ではその地形と水源のおかげで、容易に理想的な水田を形成することができたということである。具体的には、地形が広く平坦で、地上に沼沢地や河川、湖、湖沼などの水域が密に分布しており、土壌がきめ細かく柔らかいため、容易に水路、井戸を掘ることができた。このため、少し整備すれば簡単に立派な水田と灌漑システムを形成することができたということである。したがって、平原への移動・移住は 5500 年前の人々にとって

必然的な選択であった。

二 集落の拡散と移転

　考古学的証拠が示すように、崧沢文化後期初頭の江南地域では、高地から低地の平原への大規模なヒトの移動と拡散があった。崧沢文化後期から良渚文化期にかけて新たに増加した太湖平原の遺跡には、平原地域に元々あった初期集落が拡大・分裂したもの、西部の谷間にいた人々が移動してきたものの両方が見られる。

　初期の集落の拡散として廟前遺跡群の例が挙げられる。廟前、馬家墳などの遺跡は海抜3.3mの荀山南東部に位置し、馬家浜文化期には既に形成され始め、崧沢文化層もあった。この地域は、山に近い部分が海抜3mで、外に向うに従って徐々に海抜2.5mの低湿地の窪地となるため、その間におよそ0.5mの落差が生じている。良渚文化への移行に伴い、荀山を囲む遺跡が徐々に増えていき、これによって、遺跡が集中的に分布する遺跡群が生まれた。遺跡の位置と年代の分布からみると、良渚文化前期及びそれ以前の遺跡はすべて扇状地の中心にあり、地形がやや高いところに分布していた。これらの遺跡の一部は良渚文化中・後期まで使われた。これに対して、扇状地の周辺で発見されたものは、みな良渚文化中・後期の遺跡である（図2-1）。これは、集落の立地が高地への依存から脱却し、徐々に低地へと広がっていく過程をまざまざと物語っている。

　集落移動の様子は、西苕渓谷における遺跡の分布状況からも説明することができる（図2-2）。

　西苕渓谷は太湖の南西部に位置しており、天目山系と宜溧山地に挟まれた細長い形の谷間で、北側は太湖へと繋がっている。ここは馬家浜文化遺跡、崧沢文化遺跡の重要な分布地域で、その中

第二章　良渚文化の形成背景と起因

図 2-1　荀山周辺における廟前遺跡の分布

で、安吉の安楽遺跡と芝里遺跡、長興の江家山遺跡などにおいてはすでに比較的大規模な発掘が行われている。このうち、上流域に位置する安楽遺跡と芝里遺跡の地表の海抜は約 20m、江家山遺跡の海抜は約 8m である。これらの遺跡のうち、安楽遺跡と芝里遺跡は5000m も離れておらず、この二つの遺跡からは馬家浜文化後期か

二 集落の拡散と移転

図 2-2　西苕渓谷から太湖平原への人口移動の方向

ら崧沢文化前・中・後期までの墓が発見されている。安楽遺跡では、50〜60基の墓が発見されているが、その中に良渚文化の墓はない。また、芝里遺跡では、ある1か所の墓地の北半分だけで馬家浜文化から崧沢文化までの墓が200基余りも発見されており、墓の分布が集中していることから、当時の集落の規模が比較的大きかったことがわかる。しかし、この上に堆積している良渚文化層で発見されている良渚文化の墓はわずか2、3基のみである。また、これらの墓は安吉地域でこれまで発見されている唯一の良渚文化の遺構である。この現象によって良渚文化期にこの地域で大規模なヒトの移動が起こったことを十分に説明できる。次に、江家山遺跡では墓地の一部

49

にあたる4000m²のエリアの発掘が進められ、先史時代の墓340基が発見されている。ここには馬家浜文化後期の墓46基、崧沢文化の墓292基があるのに対して、良渚文化の墓はわずか2基しかない。この遺跡では良渚文化層の分布面積はやや小さく、堆積層も比較的薄い。また、江家山遺跡の周辺2000～3000mの範囲内では、高村、埠頭浜、趙帽墩など類似する遺跡が発見されている。こうした状況から、馬家浜文化後期に形成された集落は崧沢文化期には繁栄を極めたものの、良渚文化期になると過疎化が著しく進んだと解釈でき、これも集落の移転によるものだと考えられる。

今現在、最も古いとされる分体式石犂は、江家山遺跡の崧沢文化中期の文化層で発見された。これは当時のヒトの移動の原因を解明するための手がかりとなった。石犂の出現は稲作農業がすでに犂耕段階に入っていたことを示し、水田の面積が拡大したことも意味する。このような新型農具が初めて現れたのがこの地域であるということは、非常に意味深いものである。西苕渓は山地から流れ下る渓流で、その河谷の地形は細長く、稲作農業の開拓ができる空間は狭かった。それにもかかわらず崧沢文化期のこの地域の人口規模は非常に大きかった。しかし、おそらくは5500B.P.の気候変動によってもたらされたのであろう環境の変化で、狩猟、採集という既存の生業モデルでは、人々の生活のニーズを満たすことができなくなった。そのため、稲作農業を発展させることで十分な食料を供給するしか道はなかったのであろうと考えられる。イネの収量を高めるには、品種の改良、農耕具や耕作技術の改良、栽培面積の拡大、農業人口の増加など、いくつかの方法がある。このうち、当時の技術では短期間でイネの品種改良の顕著な効果を得ることは難しかった。また、この地域では、耕作に適した田の面積が不足していたために

二 集落の拡散と移転

人口が多いという優位性が逆に重荷となっていた。そこで、耕作技術と農耕具の改良を加速させることで収量の増加を図ったが、短期間での明らかな効果は先史時代では望むべくもなかった。残るは、耕作面積を拡大する道だけである。こうして、人々は故郷を離れ、苕渓に沿って耕作に適する太湖平原へと移動したのである。

　湖州毘山などの遺跡は、このような移動と密接に関係していると考えられる。この遺跡における最も古い文化層は崧沢文化後期のもので、ちょうど西苕渓谷からのヒトの移動と時期が繋がっている。遺跡で発見された男性の墓には、石犁や石鎌、耘田器などの新型の稲作専用農具の副葬品がよく見られ、これらは日常生活の陶器と固定的に組み合わされて副葬品とされていた。また、湖州の邱城遺跡と同時期の墓からも、これらと同じ種類の器物が出土している[17]。副葬品とは、死者の生前の日常生活の様子を反映するものである。鍋や碗などの炊事用具一式や労働に使う道具一式が死後の世界に持っていく必需品とされていたことから、彼らがすでに典型的な稲作農民であったと判断できる。また、当時、太湖南部の地域では、石犁や石鎌など組み合わせ式の専用農具の使用がすでに一般的であったこともわかる。これと明らかに対照的なのは、崧沢文化から良渚文化への過渡期の上海姚家圏遺跡において、石犁が一丁しか発見されていないこと、このほか、太湖東部の平原地域に至っては、この時期の墓と文化層において、上述のような先進的な農具はその影すら全く見られないことである。このことから、崧沢文化後期・良渚文化前期における太湖南部地域の稲作農業レベルは、太湖周辺の他の地域より高かったことがわかる。西苕渓谷、谷の入り口

---

(17)　浙江省文物管理委員会：「浙江省呉興県邱城遺址 1957 年発掘報告初稿」『浙江省文物考古研究所学刊（第七輯）』、杭州出版社、2005 年。

である昆山、邱城遺跡などの地理的な位置、及びその文化の時期と様相をみると、人類が稲作に適応するために移動し、生き方を変える、というダイナミックな変化の過程がありありと目に浮かぶ。西苕渓谷の入り口から南へ行くと、良渚遺跡群がある。この地域の生産力が比較的高い水準にあるのは、良渚遺跡群が良渚文化前・中期において、地域的な中心となっていたことと、必然的な関連があると思われる。またさらに視野を広げれば、太湖平原における皿状の窪地は、崧沢文化後期から良渚文化期にかけて、この地域の人口を集中させただけでなく、周辺の文化地域の人を引き寄せる効果もあったことに気づかされる。太湖流域の地形は、東は海に隣し、南部は山地で人口は少なかった。北部では淮河流域における里下河地域の遺跡がこの時期に忽然として消えており、西部でも発達していた凌家灘文化がこの時期に突然その姿を消している。これらは当時の人口が次第に太湖平原に集中していった流れを示していると捉えることができる。

　このようなヒトの移動という大きな局面においてより注目すべきなのは、上層階級の地域を跨ぐ移動及び太湖平原内の移動である。凌家灘は崧沢文化期において文化の全盛を極めた地であり、その玉文化の伝統は良渚文化の発展に多大な影響を与えた。凌家灘と太湖地域との交流には、北側の長江沿岸にある太湖北道と南側の西苕渓流域にある太湖南道という二つの道があったようだ。現在、安吉の安楽遺跡では凌家灘風の玉器が発見され、安徽地域でもその特徴をもつ浅盤偽腹杯などの遺物が発見されている。これらは、当時、太湖の南道に東西交通としての機能が確かに存在していたことを示している。しかし、利便性と距離の長短から見ると、太湖の北道を経由して蘇南（江蘇省南部地域）に入るルートが上層階級の人々の主な

二　集落の拡散と移転

移動経路であったと考えられる。これによってもたらされた玉器の加工技術と理念は北陰陽営の原住民の伝統と融合し、太湖以北にある蘇南文化の発展にも寄与した。太湖南部の嘉興地域と良渚遺跡群一帯の発展の水準は、崧沢文化後期の終わり頃から良渚文化前期までは比較的低かった。しかし、良渚古城の出現からもわかるように、良渚文化前期末頃から中期始めにかけて、つまり約5000年前に、良渚地域は一躍この地域の中心となった。それはおそらく、凌家灘から北陰陽営までの原住民の上層階級が南へと移動したことと密接に関わっている。しかし、このような上層階級の地域内移動の動機は、イネなど直接生存に関わる物資の生産に基づくものではなく、玉という資源に対する支配と関わっていたようだ。

　太湖平原では、元々そこにあった集落が分裂・拡散したこと、及び、外部からの人口流入があったことから、崧沢文化後期、良渚文化前・中期の遺跡が爆発的に増加し、その周辺地域と鮮明な対照をなしている。高蒙河の統計によると、2003年までに発見された良渚遺跡の総数は約440か所で[18]、そのうち期間を認定できるものは140か所あり、その内訳は、早期56か所、中期89か所、後期64か所（一部遺跡は複数の時期に跨っている）である。環太湖流域は、当時、人類活動の超過密地域であった。統計によると、この時期の太湖流域における遺跡数は、周辺地域の寧鎮、皖中、里下河地域における遺跡総数の2倍もあるとされている。時間軸から見ると、この地域の前期文化である馬家浜文化と崧沢文化の遺跡総数は、それぞれわずか69か所と57か所である。このことから、良渚文化の遺跡数は馬家浜文化や崧沢文化と比べ大幅に増えていることがわかる。

---

　(18)　本段落のデーターは高蒙河氏の『長江下流考古地理』によるもので、その一部分は整理再編したものである。

第二章　良渚文化の形成背景と起因

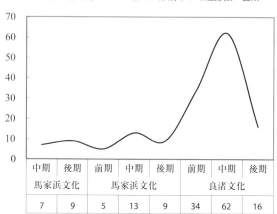

図 2-3　太湖流域で各時期に新たに形成された遺跡数の変化

このような遺跡の増加傾向は崧沢文化中・後期から始まり、良渚文化中期にピークに達している。図 2-3 は、太湖流域の各時期において新たに形成された遺跡数を示したものである。ここからわかることは、良渚文化前・中期に新しい遺跡が急増し、後期にその遺跡の立地に異変が起こっている、ということである。高蒙河の統計によると、良渚文化後期の太湖周辺地域では単一の時期で終わっている単純遺跡の数が倍増している。これは、太湖流域の文化がさらに外へと拡散していったことをあらわしている。

第三章　最初期の江南

一　人工土台という集落形態の形成

　馬家浜文化期及び崧沢文化前期の人々の多くは、水域に近い乾燥した高地に住んでいた。漁獲に便利な低地があり、水害にも見舞われずに済むからである。農業用地も小規模の稲作農業であったため広い土地は不要で、居住地である高地周辺の適当な土地に改良を加えれば必要な量を生産することができた。しかし、良渚文化期に入ると稲作農業は社会経済を維持する命脈となったため、既存の住居地周辺の小さな耕地だけでは人々のニーズを満たすことができなくなった。そこで、これまで足を踏み入れたことのない低湿地の窪地を開拓しなければならなくなったのである。確かに、これらの低湿地は稲作に適した場所であるが、海抜わずか2〜4mの水郷平原は非常に低湿である上にモンスーン気候のため水害が発生しやすく、ヒトはその平地に居住できなかった。つまり、稲作と人類の居住という二者間のニーズの矛盾が明らかになったのである。

　どうしたらこの矛盾を解決できるだろうか。知恵ある先人たちは土を掘り土台を築くという創造的な方法で、この問題をうまく解決した。

　桐郷普安橋遺跡を例に、このような人工土台の形態を見てみよう。

　普安橋遺跡を見ると、崧沢文化後期から良渚文化期にかけての四つの期間において、集落の様相があまり変わらなかったことがわかる(図3-1)。第一段階の集落の様相は東西に分布する3つの小型土台で、その土台の中心には継続的に使用された、または同一の場所で何度も建て直された四角い住居址があった。西から東へF11、F8、F6[19]

---

(19)　各住居址の下層には、同じ場所にそれよりも古い時期の住居址があり、その間取りがほぼ変わらなかったため、最終期の3か所の住居址の番号で土台を記す。

第三章　最初期の江南

の順である。平面がやや方形で覆斗式（四角錐台）の各土台は高さが1m余りで、四斜面の勾配は比較的緩やかである。土台の上の部分の面積は比較的小さく、長さ7、8mの正方形である。土台の上にある住居址は敷地がすべて正方形或いは長方形で、一室或いは二

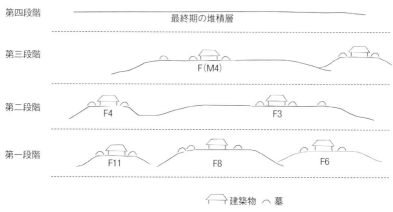

図 3-1　普安橋遺跡の形成過程のイメージ図

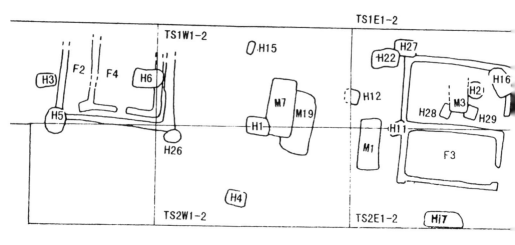

室であった。計測によると、一室の場合、面積は 25〜30 m^2 で、ドアは南または東向きである。二室の場合、面積はやや大きく 35〜40 m^2 で、東西方向の壁によって住居址を二室に分けていた。住居址の東側と西側には住居址と同時期に存在していた 12 基の墓がある。これらの墓はその埋葬位置からみて住居址に対応したものだと考えられる。この段階の土台は上部面積が比較的小さく、建物を建てた後の土台上部の余地が多くなかったため、墓は建物の外壁に密着するように建てられたり、土台の斜面に建てられたりもした。その後の第二段階ではこの 3 つの土台が覆われ、土台 F4 と F3 が新たに築かれた。その住居址と墓の関係は以前と同様である (図 3-2、図 3-3)。

上述のように、普安橋遺跡の墓は住居址ごとに配置されており、各住居址を囲むように配された墓には男性も女性も幼児も埋葬された。これは一般的な家族構成を反映している。集落内部では、居住

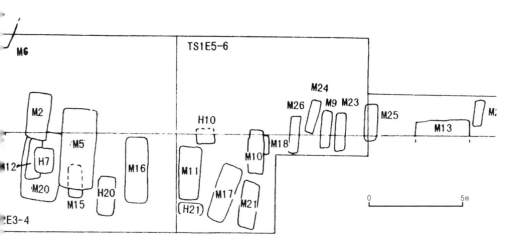

図 3-2　普安橋遺跡の住居址と墓地の分布図

第三章 最初期の江南

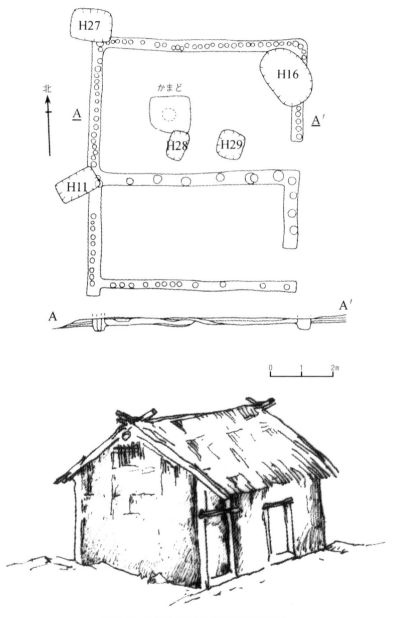

図 3-3 仙壇廟遺跡の住居址の復元図

60

一　人工土台という集落形態の形成

単位として成立する家族が活動の基本単位であった。また、どの村落にも横に何列かに並んで分布している土台が見られる。このような人工土台の集落の外周は現在まだ発掘が行われていないが、現代の集落が発掘された集落の上に重なるように存在し、その外周が水田であることから、当時の土台集落を囲んでいたのも水田だった可能性が高いと思われる。

　人工土台は低地で生活している人たちが高地の環境を再現するために作ったもので、自然微地形に対する人工的改造であると捉えられる。そのメリットは二つある。一つは、人々の居住地を高い位置に移すことで水害に見舞われずに済むこと。もう一つは、盛り土のために土を掘りだした場所に低地が形成され、貯水面積が拡大し、水面と居住地の高低差をさらに大きくできたことである。作業効率の観点から、土取り場は常に人工土台の近場であった。そのため、人々は土台を堆築する前に設計を行い、人工的に掘る池を外郭の河川や湖沼などの自然水域とつながる人工河道として整備したようだ。これにより、雨季の排水を容易にすることや、日常的に清潔な生活用水を簡単に手に入れることができるようになり、また舟運と漁業にも役立ち、一挙多得であった。そのため、この形式は急速に普及し、大量の人工土台遺跡が現れ、太湖平原に顕著な人工地形の特徴が構成されることとなった。良渚文化期になると人々の活動の範囲が長江デルタ地域の大部分に広がり、居住地と居住地との間に目立った空白区域は見られなくなった。[20]

---

　(20)　陳杰：『長江三角洲新石器時代文化環境考古学考察綱要』『中国社会科学院古代文明研究中心通訊』2002 年第 4 期

二 点状に密集分布した集落

　精耕細作（集約農業）の農業生産方式の下で、良渚の基礎集落はみな規模が比較的小さかった。西洋の学界における中心地理論では、一つの集落の位置づけは生存に必要な物質が最も利用されていること、かつ各作業場との距離が最も短いことによって決められる[21]。効率性から考えると、居住地と作業区の距離の短縮に有効であることから、各作業区の中央部に居住地を分散的に配置するべきである。しかし、大規模な集落では多くの人に必要な食糧を提供するために、集落を囲む作業地の面積も直径も過度に拡大しなければならない。要するに、経済的ではないということだ。西洋の学者は、集落内の位置配置は、必要な食料の生産、運送及び配給の過程で使われる時間とエネルギーが最小になるように決められると指摘した。良渚文化の集落の直径は以上の諸要素に制約された結果である。また、水路が縦横に走るという太湖平原の地形的特徴も一つの集落の規模を制約していた。当時は必然的に舟運が主な交通手段であったため、水郷地帯では二つの地点間の直線距離が近くても、水路に沿って遠回りしなければならないことが多かった。また、太湖地域の遺跡の多くは周辺の大規模な自然水路が境界線となっていた。これが、崧沢文化後期から良渚文化期にかけて、集落の規模が縮小していった原因であった。

　後述する実例分析から、この時期における集落の拡散と植民活動は基本的に一つか二つの中心的家族を単位として行われていたことがわかる。それゆえ、基礎集落の多くは大抵30〜50人で構成され

---

(21)　（米）張光直著，胡鴻保、周燕訳：『考古学中的聚落形態』『華夏考古』2002年第1期

二　点状に密集分布した集落

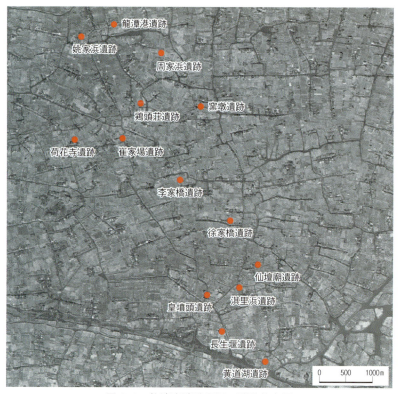

図 3-4　仙壇廟遺跡周辺の遺跡分布図

ていた。仙壇廟遺跡が位置する海寧市と海塩県の境界地帯では同じような規模の先史遺跡が多く、そのうち、崧沢文化後期から良渚文化期にかけての文化層は 10 か所以上ある。これらの集落の等級差はそれほど大きくなく、互いに 6、700〜1000ｍ 離れている（図3-4[22]）。仙壇廟遺跡の西側 4km には海寧市の東山があり、そこから遺跡まで

(22)　この地図は海寧市と海塩県の第三回全国文化財全面調査で作成された資料及び地図をもとに作成したものである。芮国耀、周建初、周祝軍氏の情報提供に感謝する。

は水路で繋がっており、遺跡内で発掘された大量の多孔質岩は東山から来たものであることがわかった。

　上記の各遺跡の分布は、当時、この地域にあった基礎集落の配置及び日常生活の行動範囲の一般的な状況を反映している。これらの遺跡はいずれも人工土台上にあり、現代の集落の形態と類似している。現在の仙壇廟自然村は遺跡の土台の上に築かれ、周りの村から300～400m離れている。そして、周りの村も高い土台上に築かれ、村と村の間には各村が所有する稲や桑の農地と水域がある。こうした状況から古今を通じて集落の配置形態が一致していることが見て取れる。ただし、現在では集落の分布密度が高く、各村が所有できる農地の面積が小さくなった。しかしこの違いは、現代の農地では単位面積あたりの収量が当時よりも多く、単位面積あたりの土地で維持できる人口も増えたことにも関係している。

　以上をまとめると、良渚文化期に形成された基礎集落には、自然水域を境界線とし、小型化が進み、水田や水域に囲まれ、点状に密集分布していたという分布的特徴が見られる。これらの特徴は今日に受け継がれ、現在の中国江南農村の典型的な姿を形作っている。今、太湖平原地域では、土台式の現代集落であれば、その大部分の下層は崧沢文化後期と良渚文化期に形成されたもので、容易に良渚文化遺跡を見つけることができる。それゆえ、良渚人が最初期の江南を作り出したと言えるのである。

　良渚人が利を求め害を避けるために創造的に作り出した人工土台という居住形態によって、大量の人口が広大な太湖平原の四方に分散していくこととなった。しかしそれは、元々重荷であった人口を人的資源という利に転化させ、太湖平原の開拓と良渚文明の発展における動力や基盤へと変身させたのである。

三　集落群の形成

　太湖流域の平原地域は地勢が低く、湖沼が多い。これらは古代遺跡の分布に大きな影響を及ぼした。杭州と太湖の間には南北に走る水路があり、水路以南は良渚から臨平区までの地区で、水路以北は嘉興地区である。太湖東部は、湖沼による遺跡空白域が多い。例えば、古碩項湖や陽澄湖の湖沼群などは、いずれも海抜2m以下で、先史時代はみな水に覆われ、人の居住には適していなかった。一方、良渚文化期は人口密度が高く、耕地面積の需要が強烈に高まったため、広めの水域や沼沢などの遺跡空白域を除き、耕地にも居住にも適した地域では、遺跡分布の密度が高くなり、集落がより密集した区域がいくつか形成された。学界では、このような分布が集中したブロック状の遺跡を遺跡群[23]、または集落群[24]と呼ぶ。分布状況から、太湖の周辺の良渚文化遺跡は、いくつかの区域に分けることができる。太湖以南の良渚鎮から瓶窯鎮及び臨平鎮までの地区、太湖東南部の嘉興地区、太湖東部の江蘇省南部から上海西部までの地区、太湖西北部・長江以南の江陰から武進までの地区、太湖西岸の湖州から宜興までの地区である。

　上述のように、各区域を異なる古国と見なす学者もいれば、良渚文化の分布域全域を一つの国と見なし、各区域を下位組織の「邑」と見なす学者もいる。実際の状況がどうであったかを解明するためには、さらなる研究が必要である。

---

(23)　劉斌：『余杭盧村遺址的發掘及其聚落考察』、浙江省文物考古研究所：《浙江省文物考古研究所学刊（三）》、長征出版社、1997年

(24)　丁品：『良渚文化聚落群初論』、西安半坡博物館、良渚文化博物館：『史前研究』、三秦出版社、2004年；浙江省文物考古研究所桐郷市文物管理委員会：《新地里》、文物出版社、2006年。

第四章　集落の等級と社会

社会の発展に伴い、良渚文化期には各集落の等級的な分化が顕著に見られるようになり、原初的な「都―邑―集」の構造が形成された。その中には良渚古城のような「王都」レベルの中心集落もあれば、1万m^{2}余りの基礎集落も数多く存在していた。またこれら大小二つの規模の間に、「邑」レベルに相当する遺跡もある。

　莫角山を中心とした良渚古城はこれまでに発見されている唯一の良渚文化期の古城遺跡であり、内城の城壁に囲まれた面積だけでも300万m^{2}に達する一級集落の典型例である。近年の継続的な考古学研究は、良渚古城の宮殿区、城壁、城門、外郭構造や洪水防止機能を持つ外郭水利システムの構造などについて新たな認識をもたらした。これらの詳細は後述する。

　良渚文化圏の全域が統一的な政体であったと考えると、莫角山良渚古城は良渚古国全体の「都」となり、寺墩、福泉山、趙陵山のような「ある区域における中心地」は二級集落の「邑」に相当するものと考えられる。一方、各区域を同時期に存在した古国と考えると、寺墩、福泉山、趙陵山などの集落は莫角山良渚古城と同じレベルの「都」と見なすことができる。現時点では第二の可能性のほうが高いように思われるが、その他の「区域の中心地」の集落の考古学的研究がまだ少ないため、集落の構造と様相については研究の進展と資料の増加を待って議論を展開することになるであろう。

　二級集落を特定するのは最も難しいとされている。集落の構造という点からいえば、規模が基礎集落（三級集落）と王都レベルの集落（良渚古城）の間であり、いくつかの単体集落が密集することで構成されており、単体集落間の距離が短く、その間に農地などがない、このような集落群は二級集落と見なすことができる。目下、二級集落跡と特定できるのは、余杭臨平区域にある玉架山遺跡と良渚遺跡

第四章　集落の等級と社会

群にある姚家墩遺跡[25]の2か所である。

　三級集落は基本的な生活物資を生産するための基礎集落で、各遺跡の大部分は三級集落に属するため、研究サンプルが最も豊富である。

一　基礎集落の構造と社会編成の変革

　良渚文化の平原農業生産は、それ以前の馬家浜文化期、崧沢文化期と比べて、集落形態に大きな変化を促した。基礎集落が小規模化すると同時に、良渚古城など自然経済を超えた大規模な都邑が現れた。基礎集落は、良渚社会において数が最も多く分布が最も広い集落形式で、直接農耕に従事し、良渚社会の中で堅固な基礎の役割を担っていた。

　ここで、海塩仙壇廟遺跡を例に、5500B.P.前後の良渚社会における基礎集落の構造の変遷を説明する。

　仙壇廟遺跡の中心部は独立した東西方向に伸びるやや長方形の高台で、その長さは約100m、幅は約60mである。当時、土台の海抜は最高7.4mで、周辺は海抜2.4mの水田だった。また、水田は河川に囲まれていたため、地理環境と集落形態は閉鎖的なものであった。発掘調査から仙壇廟遺跡は良渚文化後期以前の遺跡であることがわかっており、集落の中核を成す墓地と居住地はこの高台の範囲内に分布していた。すなわち集落の面積は6000m^{2}以下と推定される。つまり、典型的な基礎集落の一つである。

　仙壇廟遺跡の堆積層は崧沢文化前期から良渚文化後期までの各時

---

(25)　王明達：《"良渚"遺址群概述》、余杭県文管会：《良渚文化》（余杭文史資料第三輯）、1987年；王明達：《良渚遺址群田野考古概述》、《文明的曙光——良渚文化》、浙江人民出版社、1996年。

期をほぼカバーしており、集落構造の変遷からみると、三つの時期に分けられる。初期は崧沢文化前期で、この層からは集団墓と大きな住居址が発見された。中期は崧沢文化後期の終わり頃から良渚文化前期までで、主に列状に配された複数の小型方形土台から成っており、これをより多くの墓が設けられるようにそれぞれ東西方向に向かって拡張した結果、次第に南部と北部に１列ずつ長方形土台が形成されるという過程であった。その後の後期は良渚文化の中・後期に属する。この段階において、南側の長方形土台は北に向かって拡張造営と増築を繰り返し、最終的には北側の土台の上に覆い被さり、現在の高台の初期の形となった。採土による破壊を受けて後期段階の土台の全貌は不明瞭となってしまったが、初期・中期段階の土台の基本構造はよく保存されている。そのため、本文は主にこの二つの時期の集落形態を対象に分析を行う。

（一）初期遺構

　仙壇廟遺跡初期段階の中頃の集落の様相は比較的明瞭に確認できる。この時期の典型的な住居建築はF19〜F21で、その床面は簡単な整地を施されており、３つ以上の住居建築が基槽（土中に掘られた矩形または長方形の溝を指す）によって繋がり、ひとまとまりの密接な関連を持った建築遺構群となっている。この基槽は木柵或いは軽量壁のような仕切り構造の基礎と推測されている。墓地は住居遺構の西側に集中している。

　図4-1が示すように住居遺構には一揃いの柱穴が存在するという特徴がある。比較的完全な状態を保持していたのはF19、F20、F21で、そのうち、F19は単体としては長方形で、面積は19㎡近くある。F20は面積がおおよそ45㎡で、内部は柱によって三つの

図 4-1　仙壇廟遺跡初期段階の中頃の遺跡分布
（灰色の部分は初期の始め頃に属し、白色の部分は初期の中頃に属する）

図 4-2-1　仙壇廟遺跡初期段階の中頃の遺跡復元図
（海塩博物館「海塩 嬴政 25 年」展示の映像資料「遠古遺存」より作成）

図 4-2-2　仙壇廟遺跡中期段階の始め頃の遺跡復元図
（海塩博物館「海塩 嬴政 25 年」展示の映像資料「遠古遺存」より作成）

第四章　集落の等級と社会

部分に仕切られている。また、その南側の屋外には檐柱か床面の支柱があり、高床式の高台であった可能性が示されている。これらの住居址からは硬質土を敷いた床面やかまど跡などの施設が見つからなかったため、干欄式建築（高床式建築）の可能性が高い。

　形状及び配置の関係の分析から、基槽と建物は有機的な関連を持っていることがわかる。これらの基槽は互いに繋がっている一方で、基槽内部は仕切りによって複数の方形または長方形を成しており、これは小さな開口部はあるものの比較的封鎖的な空間となっていた。基槽によって繋がる建物は、それぞれこの方形または長方形の比較的閉じた空間の中に独立して存在していた。基槽は離れた場所に分散しているいくつかの単独の建物を繋げ、一つの有機的なまとまりを作り出している。現在のところ、発掘された部分はこの建築群の中西部であることが明らかになっている。建築群の南、西、北側は既に縁辺部に達しており、東側は発掘区の外に伸びており、さらに東へ少なくとも8m以上は続く可能性がある。つまり、この建築群の外側を囲む基槽部分の大きさは、南北は約18mで、東西は発掘された部分だけでも30mを超えているため、元来の東西全長は38mを超えるものであると思われる。

　全体的にみると、仙壇廟遺跡の初期の中頃の住居建築は規模が比較的大きく、各単独の建物が基槽によって連結されていることから、居住者同士が密接な関係を持っていたことがわかる。このような大規模な建築群は居住区内の公的活動が強調され重視されていたことを示すものではあるが、個々の家庭の独立性については不透明である。しかし、それぞれの建物単体に同時期の灰坑がなかったことから、各建物が単体で調理活動を行っていなかったことがわかる。また、それぞれの建物の位置と形状が異なることから、同様の機能を

持つ建物の集合ではなく、それぞれが異なる使用機能を持っていた可能性がある。F20 は面積が最も大きく基槽による囲いの中心に位置しているため、居住用の建物であると考えられる。一方、F19 とF 21 は F20 の周囲に分布しており、F19 は基槽の西側の外部に位置していることから、倉庫の類の建物であった可能性が高い。こうしたことから、当時の集落生活においては集団的な共同調理が行われていたと推測される。

　この段階のほとんどの墓は住居建築の西側及び西北側に集中して分布しており、隣接する 2 基が比較的密接な関係（夫婦関係だと思われる）を示す墓はあるものの極少数であり、それを除けば、ほとんどの墓は個別の家族単位への帰属を強調するものではなく、集団経済の下での共同墓地という埋葬形態を示している。（図 4-2-1、図 4-2-2）。

（二）中期遺構

　仙壇廟遺跡中期段階の集落の構造と様相は初期のものと明らかに異なっている。また、この時期の遺構は緊密なつながりがある前後二つの期間に分けることができ、それぞれ崧沢文化後期と良渚文化前期に相当する。図 4-3 はこの遺跡の中期段階の平面図で、灰色の部分は崧沢文化後期に属する。

　図 4-3 の通り、発掘区域内には人工堆積の小型土台が 5 基あり、それぞれ小土台 1～5 と番号が付けられている。これらはすべて方形または南北長方形の覆斗式（四角錐台）の小土台で、南北に分かれて配置されている。南北二列の小土台の間には低地があり、井戸や灰坑などの遺構が分布している。ほとんどの墓は小土台の周囲に分布しており、特に小土台の東西両側に集中している。仙壇廟遺跡の小土台の頭部は大きく破壊されているため住居用の建築遺構は発見

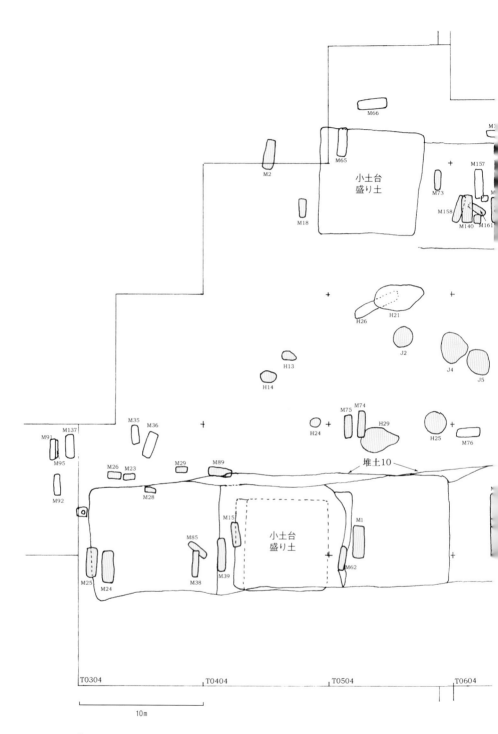

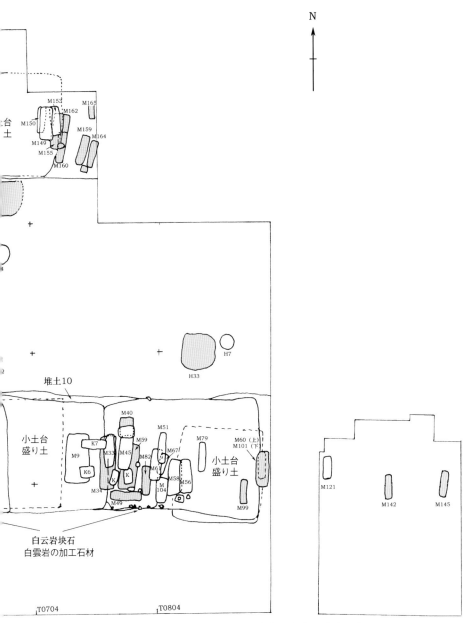

図 4-3 仙壇廟遺跡中期段階の前半と後半の遺跡分布
（灰色の部分は中期の前半に属し、白色の部分は中期の後半に属する）

されていないが、仙壇廟遺跡の小土台と普安橋遺跡の土台は、建築方法、配置形態、規模の大小などの面において高い一致性を示している (図4-4) ことから、これら二つの遺跡の土台上に築かれた建築物の形態と構造も一致していると考えられる。即ち、小土台の上を地面として方形か長方形をした平地式住居建築があり、その面積は20〜30m^{2}で、一部には仕切りがあり、屋内外にかまどなどの施設があったと考えられる[26]。土台上の建物は必然的に取り壊しと再建を繰り返したであろうことを考えると、土台は異なる段階の住居建築に継続的に使用された台基であると言える。

　南列に属する小土台1、2、3は東西方向に順に並び、土台間の距離は10m余りである。小土台3の東斜面にある墓M101は、その東側の未発掘の土台が西へ拡張した際の積み土によって覆われていることから、南列の土台は少なくとも4基あると考えられる。北列の土台4と土台5はすでに発掘されており、二列の小土台のいずれもその東にまた土台が続いている可能性がある。南北方向の試掘調査によると、遺跡区域にほかの列になる小土台は存在しないため、当時の集落の居住区は南北に並行する二列の小土台（住居建築）を基本とした構造であったと考えられる。未発掘の東部地域にも同じ密度で同様の形式の小土台が分布しているとすれば、全体の幅から換算して、各列には5〜6基の小土台があり、集落全体の小土台の総数は10〜12基となると考えられる。

　小土台の居住者が亡くなるとその住居の周囲に埋葬された。墓葬が増えて墓が足りなくなると各小土台は東西の両側に土を積み上げて拡張し、そこを墓地として利用した。この拡張は死者の増加に伴

---

(26)　秦嶺：『環太湖地区史前社会結構的探索』、北京大学博士論文、未刊行。

図 4-4　小土台 1

い何度も行われたため、時間が経つにつれて同じ列にある隣接する土台同士は徐々に近づき、最終的には連結して一つの長方形土台となった。この過程の中で、土台上の建物は取り壊しと再建を何度も繰り返した上に、墓への埋葬も並行的に行われていたため、各段階の居住単位は周辺の墓と複雑な層位関係を持っている。また、歴史的な理由及び現代の採土による破壊のため、建物の居住面やかまど、壁の基礎、柱穴などの痕跡は失われ、多くの墓は地表に露出している。しかし、比較的保存状態の良い小土台2、3、5周辺の地層面への観察調査に基づき、墓から出土した遺物の類型学的分析と合わせて考えると、中期段階の墓などの遺跡は緊密なつながりがある前後二つの期間に分けることができる。中期段階の前半は崧沢文化の後

期に属し、中期段階の後半は良渚文化の前期に属する。

　平面的位置関係から見ると、中期段階の前半の墓は各小土台と明確な対応関係にあり、その大半が各小土台の周辺拡張部分や土台の斜面下部に位置していることがわかる。時には非常に密集しているために局部的にこの関係が崩れることや、場所の制約によって固有の墓の向きを変えざる得ないこともあったが、決して土台の中心には墓を設けなかった。これは当時土台の中心にはすでに居住用建築物が建てられていたためである。

　中期段階の後半の墓は破壊が甚だしいが、全体的に見ればその分布と位置は基本的に前半の墓と重なっており、元の土台の中心位置にも墓を設けなかった。これは、この時期の住居が基本的に元の位置にあり、大きな移動がなかったことを示唆している。

(三) 中期前半の遺構

　各小土台の堆築開始時期はほぼ一致している。各小土台は各自が必要に応じて両側に土を積み上げて墓を設けたため、この盛り土は徐々に接近し部分的に重なり合うようになった。このような拡張造営は各小土台の居住者がそれぞれ独自に行ったため、土の出所や堆積の時期がそれぞれ異なり、拡張部分の土質や土色に明らかな異なりが見られる。例えば、小土台1の東への拡張部分は黄褐色でやや砂質土の混じった土であるのに対し、小土台2の西への拡張部分は大きな黒斑が散在する青色の水中堆積の泥土で、土を草で包むという技法が用いられた可能性がある。平面上に露出した時、連結部分の南北両端にはしばしばこの土質と出所の異なる土のぶつかり合いによって生まれる弧形の交差角が現れ、各土台の堆積の境界を明瞭に示している。

小土台を使用する過程の中で、居住者は二列の小土台の間にある低地に灰坑や井戸などの付属施設を設置した。そのうち、中期前半の小土台に対応する遺構には灰坑8か所と井戸4基が含まれている。灰坑は大きさも形も不揃いで、内容物は主に、土器の破片、焼土塊、獣骨などの日常生活のごみであった。これらは主に南北二列の土台の間の鞍部の低地に分布しており、土台上に建てられた建物に付随する廃棄物処理穴であった。井戸の分布は比較的集中しており、数も少なくて小土台と一対一対応していないため、井戸は集落内の共同施設であったと考えられる。

　中期前半の各土台の外形、造営及び拡張方式、盛り土の出所などは明らかにそれぞれ異なっており、これは各土台の築造が主にそこに属する社会的単位によって独自に行われたことを示している。また、各土台に対応する溝、灰坑などの関連付属遺構の分布から見ると、これらの社会的単位はそれぞれ独立した生産と消費を行っていたと考えられる。これら各社会的単位の間には貧富の差が存在し、その差は土台の造営方式や墓の副葬品の質、特に玉器など貴重な品の量と質に明らかな違いとして現れている。また、各社会的単位の人口規模はそれぞれ異なっており、墓の等級との間に正の対応関係が存在するように思われることから、この貧富の差も実際には各社会的単位の労働人口の多寡に関係している可能性が考えられる。つまり、労働力が多い社会的単位、或いは陶器などの製作技術が高い社会的単位は消費水準が高かったと考えられる。玉器は平原地帯に位置する仙壇廟遺跡においては稀少資源であり交換によって得られていた可能性が高い。また、一部の嬰児墓にも装飾用の玉片が副葬されていたことから、財産は各単位が独立して所有し、何らかの血族相続制度によって引き継がれたと考えられる。

単位の内部から考えると、墓が各土台に属していることは個人がこの単位に強い帰属意識を持っていたことを示している。単位の独立性は非常に高く、場合によってはその成員の生死を司る権力をも持っていた。墓の副葬品の比較分析から、単位内の成員は比較的平等な関係にあり男女の間にも明らかな差別は存在しないことがわかっているが、児童の副葬品は比較的少なかった。

　小土台ごとの小規模な集団の独立性に目を向けるのと同時に、これらの独立的に営まれている土台が何らかの計画に従って整然と二列に配置され、さらにその二列が南北対称の位置関係にあることも注意すべきであろう。これは明らかに管理の結果であり、集落レベルの管理が存在していたと推測できる。

（四）中期後半の遺構

　時間が経つにつれて土台の間の拡張部分が徐々に接近していったため、土台の構造に重大な変化が生じた。すなわち、二列の土台それぞれの北側に協同作業による人工堆築層が現れ、南北2か所の独立した土台の列が南北2か所の長方形土台へと変り、その後、南部の長方形土台は北への拡張造営を繰り返した。この拡張作業は南部の長方形土台全体で行われたため、拡張による堆築層の形状は平坦で、土質と土色の一貫性も高い。ただし、この拡張層に挟まった生活廃棄物や建築廃材の堆積層は依然として局所的で連続していないことから、土台の上にあった居住建築は現存していないが、協同作業による土台の上にいくつかの単独の建物が存在していたと推測できる。南部の土台が拡張されていく間も北部の土台は引き続き使用されていた。ただし、北部の土台の南北幅は基本的に変わらず、土を積み上げ高さを増す増築だけが行われていたようである。この統

一的な協同拡張作業は遺跡の後期段階（良渚文化の中・後期）まで続き、次第に拡張された南部の土台の北端が北部の土台の上にのり、その結果、方形に近い高台が形成された。この高台は後世の破壊が著しいが、残存する東北角からは良渚文化後期の玉器を持つ大型墓が発見されている。また、高台の北縁にある建築廃材と生活廃棄ゴミの堆積層には、後期段階の土台の上の建築が依然として墓と住居の複合形態であったことが示唆されている。

　中期後半の墓を見ると副葬品の種類と数が増加しており、当時の土台上の居住者の生活がより精緻で豊かになっていたことがわかる。各墓の違いは玉器などの贅沢品の異なりに表れている。M67とM104は同じ単位に属し、いずれも児童の墓だが、前者の墓坑は簡易で副葬品も土器1点だけである。一方、後者の墓壙（即ち墓坑のこと）には二層台（二段掘り）が設けられているうえ、葬具は特に精巧で、棺と槨（棺を置くところ）があり、棺の下には方形の敷木もあった。副葬品は玉器、石器、土器、牙器、骨器など15点で、その中には鼎、豆、盆、壺などの生活用具のほかに、石鉞、牙鏃、鹿角靴形器、さらに装飾品としての玉器6点も含まれており、その規模は同時期の一般的な成人墓を超えている（図4-5）。M104の墓主は6歳の児童で生産活動に携わる能力はまったく備わっていないにも関わらず、鉞、鏃、靴形器など種類の揃った武器や生産用具が副葬されている。これは、血縁関係に基づく財産相続制度の中で、長幼の序あるいは性別などの違いによって単位内の成員間で権利に差が生じており、嫡長子（女）優先の世襲制度が既に存在していた可能性があることを示している。

　中期後半の独立した小土台がひとかたまりの長方形土台へと拡張する過程において、小土台1、2、3は統一的に拡張したが、小土台

図 4-5　仙壇廟遺跡 M104 児童墓

4はその組織体に入らなかったようである。これは同列に分布する独立した小土台同士の親疎関係には異なりがあり、一部の隣接する土台の間の関係はより密接だった可能性があることを示している。以上のことから、全体としては「一列の土台」とみなすことができるこの組織内に、関係の親密さの異なる土台の組合せが下位構造として複数存在していた可能性があり、これは早期段階にも存在していたものの、表には表れていなかったのではないかと推測できる。隣接する小土台同士には密接な関係があったことから、小土台の立地は人為的に配置された結果であり、さらにこの比較的親密な関係を構成する土台のうち、一つは母体となった土台で、他の土台はこの母体土台が拡張した結果である可能性が非常に高いと思われる。ここでもう一度小土台1について整理すると、その墓葬の開始時期は比較的早く、小土台の廃棄ゴミは元来東側と北側に処理されていたが、その後、東側に小土台2が堆築されると廃棄ゴミの処理は北側に変更された。そのため、小土台1、2、3からなる土台組の中で、小土台1が初期の母体土台であると考えられ、人口の拡大に伴って徐々に小土台2、小土台3が独立分化していったと推測される。後期段階では、このような親縁関係が強調された結果、長方形土台が形成された。状況によっては、このような土台組という組織のリーダーは自分の組内の下位構造に当たる単位の労働力をまとめて統一的に配置し、土台の拡張など集団による協同作業を完成させることが可能であった。そして、その東側の他の土台も同じ構造を持っていたと推測できる。以上のことから、土台という形態を特徴とする集落内の組織は4つの等級があり、それは単独の小土台、小土台組、土台列、そして集落全体であると考えられる。

　仙壇廟遺跡中期段階における集落の分布が示す厳密な階層構造は、

第四章　集落の等級と社会

必然的にある社会組織関係の反映となっている。仙壇廟遺跡の4つの等級の組織構造と長江中流域の大溪文化から屈家嶺文化初期までの集落の構造は同じである。趙輝の研究によると、湖南省安郷県の划城崗遺跡を代表とする墓地は、墓列、墓組、墓群、墓区という4つの等級に分解することができ、各等級間には秩序正しい規律が存在し、比較的強い規律性を示している。河南省鄧州市の八里崗遺跡には少なくとも3列の建築遺構が分布し、各列は東西方向に順に並んだ複数の住居址から成っている。この住居建築は壁を隔てて部屋が連なる長屋式の建物で、長いものは7～8間（戸）、短いものは2～3間（戸）である。したがって、八里崗の建築群全体も間、棟、列、集落という4つの等級に分けることができる。趙輝は、建築の等級と墓地の等級は一対一で対応しており、それぞれが以下のような社会組織を反映していると考えている。すなわち、墓組＝一間＝核家族、墓群＝一棟の住居建築＝拡大家族、墓区＝一列の住居建築＝大家族（系譜集団）、墓地＝村落＝氏族（?）である。

　仙壇廟遺跡の集落は、単独の土台、土台組、土台列、そして集落全体という4つの等級構造を持っている。普安橋遺跡は発掘された部分が比較的少ないが、発掘調査によって単独の土台、土台組が存在したことは明らかになっている。この二つの遺跡の類似性は、当時の基礎集落内においてこのような構造が典型的であったことを反映している。形式は内容を反映するものであるとよく言われるが、では、この構造と社会組織との間にはどのような対応関係が存在するのであろうか。

　小土台と墓は帰属関係にあり、すでに示したように小土台は住居建築の基礎で、墓はその土台上の住居の居住者の人員構成を反映している。性別や年齢の分布状況から見て、各土台周辺の墓の大部分

は関係の親密な成年男女と子供であり、子供には財産相続権があった。これは土台上の住居の居住者が血縁関係を持っていたことを示している。各小土台の台上面積は50〜60m^{2}で、普安橋遺跡のF3を参照すると、その上に建つ住宅面積は20〜30m^{2}であったと推測される。この面積からして、ここには配偶者一組とその未婚の子供たちという血縁集団からなる核家族のみが居住していたと推測できる。死者の平均年齢が約30歳であることから、当時の核家族の人数は4、5人であったと推測される。保存状態が良好な小土台5では、初期段階の墓数が約11基で、副葬品としての土器の型式はおよそ2種類であった。商代と漢代の土器の時期区分の知見に基づくと、これらの年代幅は100年またはそれ以上の時間にも及んでいると考えられる[27]。核家族の夫婦2人を一世代と計算し、1基の児童墓を除いた場合、この一連の墓は5世代分に当たると考えられ、平均して20年ごとに世代交代があったということになる。つまり、これらの年齢分析の結果も、一つの小土台が一つの核家族に対応するという見方を裏付ける結果となっている。これにより、仙壇廟遺跡における小土台の総数は10〜12基であることから、当時の集落の人口数は40〜60人であったと推測できる。

　この認識に基づいて考えると、順に堆築された比較的密接な関係にある小土台1、小土台2、小土台3からなるこの土台組は、八里崗遺跡における2、3間からなる一棟の住居建築に相当し、3つの核家族からなる拡大家族を表していると考えられる。

　小土台と長土台という二つのレベルがいずれも血縁関係に基づいて構築されたものであるため、同列に並ぶ長土台も同じ理由で計画

---

(27)　趙輝：『長江中游地区新石器時代墓地研究』,『考古学研究』2000年第4期

されたと推論することができるだろう。遺跡の東側に同じ構造の長土台が存在するか否かはまだ不明であるが、もし存在するなら、この順に並んでいる二列の長土台に対応する二つの拡大家族も血縁関係にあったと考えられる。

　南北二列の土台の間の関係については、現在、論証に足るだけの十分な証拠はそろっていないが、前述と同様の理由により、われわれは南北二列の土台上の居住者同士の関係も、やはり同一の血縁集団に由来する可能性が高いという見方に傾いている。ただし、同列上の居住者同士の関係よりは遠いものであると思われる。仙壇廟遺跡の集落規模から見ると、両者は共通の先祖を持つ大家族か系譜集団であった可能性がある。

　後期段階においても、元の小土台2と小土台3の間の鞍部にあった墓は、依然として比較的高い等級と規模を示しており、長期にわたって勢力が弱い北列の土台とは鮮明な対照を成している。これは、南列の土台が何度も北方向に拡張を重ね、最終的に北部の土台を統合したというプロセスに対して、最も説得力のある証拠を提供している。構造から見れば、初期段階の南北二列の土台は対称的であったことから、土台列に対応する社会組織、すなわち家族の、集落全体の中での地位には大きな違いがなかったことがわかる。しかし、後期になるとその均衡は崩れ落ちた。盛り土10号から盛り土1号が示すように南部の長土台は北へと拡張していく中で、後期段階には南部の土台上に高級玉器を持つ大墓が現れ、南部の土台が北部の土台を覆うまでになった。土台の南北幅と高さは次第に増されていったが、東西の長さはほぼ変わらなかった。このような過程は、良渚文化前期から始まった集落内部の階層の分化が小規模な拡大家族を基本単位として進行してきたことを示唆している。各拡大家族

間の階層差が次第に広がる一方で、拡大家族内部の成員間にも分化が生じていたのである。

　仙壇廟遺跡で発掘された5基の小土台のうち、初期段階の小土台2の造営は特に厳密に行われており、その上にある墓の等級は比較的高く、玉器の数も明らかに多い（図4-6）。この時期、この核家族の家長はおそらく村落全体を代表する宗族の首長であり、当然、これに所属する家族と拡大家族の家族長でもあったと考えられる。しかし、後期段階に至ると、小土台3の核家族が完全に小土台2の家族の地位に取って代わり、副葬品の総数や玉器の数においても際立った異なりがみられる（図4-7）。これと同時期の小土台2の墓の数は少ない。人口の減少が小土台2の家族が衰退した原因とも考えられる。小土台2は小土台1、小土台3と共に協同作業で土台の拡張を行っていたことから、互いに密接な血縁関係にあったことは極めて明らかであり、これらの家族の主要成員には兄弟のような関係があったと考えられる。こうしたことは、財産と権力が核家族の父から子に引き継がれることを主とした相続制度の下には、兄弟相続という補助的な制度もあり、これにより広範囲の血縁関係の下で滞りなく継承されうるようにしていたことを示唆している。

　仙壇廟遺跡は、崧沢文化前期には、基槽で囲まれた住居址、集団的に分布する村落墓と灰坑が示すように共炊共食の生活であったが、崧沢文化後期になると、独立した土台を中心に各核家族の経済的独立性を重視する特徴を持つ集落構造へと発展し、さらに良渚文化前期に至っては核家族を基盤としながらも宗族組織による集落の統制が強化されるようになっていった。このような変化は、この時期の社会の複雑化の過程における集落内部の構造変化を生き生きと反映していると言える。

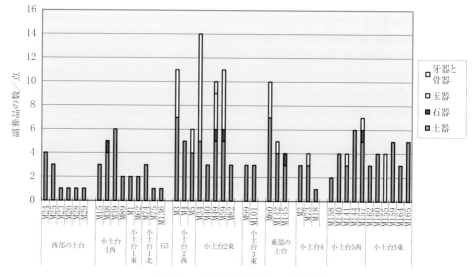

図 4-6　初期段階の各墓の副葬品数

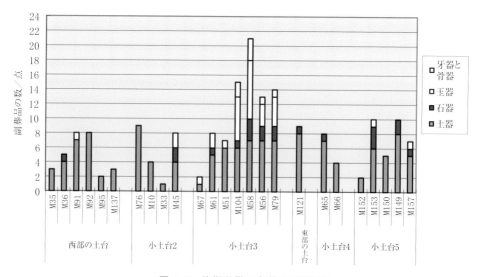

図 4-7　後期段階の各墓の副葬品数

全体的にみると、良渚文化における稲作農業の生産形態が集落の小規模化を決定づけたと言え、それによって核家族による私有制が良渚文化期における社会経済の基本形態となり、良渚王国建国の基礎ともなった。また、基礎集落における各核家族は、血縁を基に結成された宗族組織によって管理されていたと推測できる。

二　二級集落の構造と分析

　良渚文化における二級集落、すなわち「邑」レベルの集落は各地区の中心集落と考えられる。現在、江蘇及び上海エリア内の各地区の中心遺跡についての認識は、主に墓の等級の格付けから得られており、その集落構造については未だ明確な把握には至っていない。このレベルの集落としては、臨平遺跡群の玉架山遺跡や良渚遺跡群の姚家墩遺跡が最も典型的である。

　三級集落は基本的な農業生産型の集落であり、農地が不可欠な構成要素である。実際、集落の点状分布は農地の合理的な開発という目的に基づいて形成されたのである。今のところ発掘面積や研究の制約により、大部分の集落では稲作の行われていた農地は見つかっていない。しかし、現在の太湖流域の基礎村落の状況をみると、台地村落の周りの低地は水田や水域などに囲まれていることから、良渚文化期も同様だったと推測される。また、経済的な観点から、集落周辺の農地分布は合理的な半径以内におさまっていたはずである。半径が大き過ぎると居住地から農地外縁までの距離が遠く、道のりに時間がかかりすぎるため、耕作の時間が短くて不便だからである。一方、集落と集落の距離も近すぎてはならない。近すぎると土台と土台の間の空地に村落の人々の生存に必要なだけの農地を配置することができないからである。前述した浙江省海寧市と海塩県

第四章　集落の等級と社会

図 4-8　玉架山遺跡の各環濠集落の位置

の境界付近での良渚文化期の基礎集落の分布状況はまさにその典型である。このような集落の間の農地面積は、当時の生産力という条件下でも、村落の人々が生存し、発展するために必要なものを提供することができたと推定される。次に挙げる玉架山遺跡などの集落の空間構造は、これとは本質的な違いがある。

（一）玉架山遺跡[28]

　玉架山遺跡は杭州市余杭区の東部に位置し、西は良渚古城から20km余り離れている。玉架山遺跡の南側には良渚文化期の水田跡が発見された茅山遺跡、西南には貴族の墓が埋設された横山遺跡がある。遺跡の総面積は約15万m²で、隣接する6つの環濠集落からなる完全な良渚文化の集落遺跡（図4-8）が発見されている。2019年時点での発掘面積は3.3万m²で、良渚文化の墓581基、灰坑27基、

[28]　浙江省文物考古研究所楼航等「浙江余杭玉架山遺跡——発現了由六個相隣的環壕組成的良渚文化完整聚落」、『中国文物報』、2012年2月24日4版。

二　二級集落の構造と分析

建築遺構 11 か所が整理され、土器、石器、玉器など各種類の文化財 7000 点余りが出土した[29]。

1. 全体の分布と配置

　環濠Ⅰ：現在までに西側の大部分が発掘されている。濠溝の平面形状は方形、北東角はやや丁字形で、北側は環濠Ⅲとつながっている。環濠Ⅰの長さは 134～155m、面積は 2.5 万 m^2 余りで、発掘面積は約 1 万 m^2 に達する。濠溝の幅は 3.35～15.20m、深さは 0.60～1.25m である。環濠Ⅰには墓葬、住居址、灰坑、砂質土層などの遺構があり、これまでに良渚文化の墓 303 基、住居遺構 8 基が整理されており、そのうちの 200 号墓からは最も多くの副葬品が出土しその数は約 110 点であった。

　環濠Ⅱ：東西の長さは約 100m、現存する南北の幅（東側の残存部分の長さ）は約 40m である。東南角の濠溝の最も幅が広い部分は 6m、深さは 0.75m（濠溝内の土取り坑は含まない）、面積は約 1 万 m^2 である。発掘面積は 3000 m^2 余りで、墓葬 47 基が整理された。土台に近い内岸沿いには部分的に石が敷かれており、環濠埋土からは実用器の破片が多く出土している。

　環濠Ⅲ：東西の長さは 130m、南北の幅は 75m、遺跡の面積は 1 万 m^2 近くであり、すでに良渚文化の墓 85 基と住居遺構 2 基が整理された。また、H18 遺構からは初めて良渚文化の櫂が出土しており、濠溝が水路としての機能を有していたことが示された。なお、環濠Ⅲでは砂土が敷かれた遺構も発見されている。

　環濠Ⅳ：東西の長さは 90m、南北の幅は 57m、面積は 5300 m^2 余りであり、発掘面積は 2000 m^2 に達し、墓葬 49 基と住居遺構

---

(29)　浙江省文物考古研究所の 2018 年度考古工作報告会においてプロジェクトリーダーの楼航が発表した玉架山遺跡の報告に基づく。

第四章　集落の等級と社会

1か所が整理された。

　環濠Ⅴ：環濠の長さは約120m、面積は1.5万m²、大部分は破壊されており東南角のみが残存している。墓葬61基が整理された。

　環濠Ⅵ（燈籠山遺跡）：長さは約90m、遺跡の面積は約8000m²で、発掘面積は7500m²近くに達する。墓葬36基が整理され、玉琮や朱漆柄石鉞などの遺物が出土した。

　これらの環濠の平面形状はほぼ角丸四角形で、やや南北正方位に向いている。濠を掘ると同時に掘り出した土で環濠集落の内部を嵩上げし、居住と墓の配置に適した土台を構築したため、濠溝の底部と外周には多数の大小さまざまな土取り坑が残されている。整備された環濠は防御機能を果たすと同時に、交通の手段として、また生活用水の供給源としても機能した。各環濠集落内で発掘された墓から見ると、良渚文化前期から後期まで使われた環濠集落もあれば、環濠Ⅳのように良渚文化後期の遺物しか発見されていない環濠集落もある。このため、濠溝の造営が開始された時期は異なるが、良渚文化後期には同時期に存在していたと考えられる。ただし、長期間利用され続けたことや、生活ゴミの投棄により環濠は次第に埋め立てられ、一部の機能が失われるようになった。

　玉架山遺跡は6つの環濠集落によって構成されている。それぞれの環濠集落には墓や住居遺構などがあり、事実上、6つの構造的に完全な単体集落が集まっていたと言える。近隣の茅山遺跡が斜面にあるのとは異なり、玉架山遺跡の各単体集落はみな平地に造営された土台型集落である。その中で面積が最も小さい環濠Ⅳは約5300m²で、仙壇廟遺跡などの基礎集落の面積に相当する。最大の環濠Ⅰの面積は約2.5万m²であるが、やはり基礎集落の範疇に属している。各単体集落の平面分布からみると、北東角に位置する環

濠Ⅴを除き、環濠Ⅵ、環濠Ⅱ、環濠Ⅲ、環濠Ⅳは面積が最も広い環濠Ⅰを囲むように配置されており、環濠Ⅰとの距離は近い場所ではわずか30〜40m、遠い場所でも百数m余りである。特に環濠Ⅲの濠は環濠Ⅰ、環濠Ⅱとつながっており、密接な関連性を示している。

　稲作農業の専門的調査を通じて、これらの単体集落の間の空間及びこの集落群の外周の空地に良渚文化期の水田は分布していなかったことがわかっている。上記では、仙壇廟遺跡に類する基礎集落間の距離及び集落間の農地の分布状況を分析したが、玉架山遺跡の各単体集落は形態的には基礎集落と類似しているものの、その単体集落同士の組み合わせ方はよく見られる基礎集落が分散し点状に分布していた状態よりも明らかに緊密であり、親縁関係にあったことを示唆している。同時に、良渚文化期の稲作農業のレベルを考慮すると、この間隔は集落人口に対して必要な農地を維持するのには不十分であった。そのため、これらの集落の食糧は外部から持ち込まれていたと考えられる。周辺およそ1kmの範囲で詳細なボーリング調査を行ったが遺跡が発見されなかったことから、玉架山遺跡にある6つの環濠集落は一つのまとまった集落を形成していたとみなすことができる。このような集落群の組織構造は、独立した土台を単位とする基礎集落とも、明確な城壁と外周構造を持つ良渚古城とも異なり、基層集落群から都市への変化の中間形態であるように見える。そのため、われわれは良渚集落における中間階層に当たる二級集落と捉えている。

　玉架山遺跡の各環濠はそれぞれ機能も構造も完全な単体集落であるが、自給自足に必要な稲作システムが欠けていた。これらの集落の具体的な運営構造については現在まだ明確にはわかっていないが、このような分布が集中している集落群は経済性の原則に反しており、

第四章　集落の等級と社会

水田を中心に散在的に分布している基礎集落とは根本的に異なる。許宏は初期の都市的特性を備えた龍山文化の城邑の多くを調査した上で、「いずれも既存の中心集落の地に直接造営されたのではなく、つまり、龍山文化期の城邑はそれ以前の中心集落と異なる場所で造営されていた」[30]と指摘している。許宏はこの現象を「公共空間から権力空間への変化」と説明している。上述の許宏の指摘が参考になるとすれば、玉架山遺跡のような集落群の出現は自然経済に沿った選択の結果ではなく、宗教あるいは世俗的権力を強調するような思想の空間的表出であったと考えられる。

　各単体集落の分布状況から見ると、中間に位置する環濠Ⅰの規模が最も大きく、その他の比較的規模の小さな他の集落はその周辺に環状に分布しており、また、中心的な集落内に位置する墓や建築の等級は明らかに高い。これは環濠レベルで明確な等級差と従属関係が形成されていたことを示している。前述のように仙壇廟遺跡の基礎集落の分析では、各集落において核家族、拡大家族、大家族、氏族という4等級構造の存在が明らかになった。一方、6つの単体集落から構成される玉架山遺跡の集落群の空間分布は、上述した集落内の4等級階層構造に加えて、環濠集落の相互関係も反映している。

　玉架山遺跡の各単体集落は環濠によって囲まれ、集落間の間隔は数十mから百m以上で明瞭な境界を示しており、また、6つの環濠集落からなる集落群の外周には形式的な一体性を強調する城壁のような施設がなかったことから、当時の血族の独立性が高いことがわかる。そして、これらの環濠集落は同時に営造されたものではなく、出土遺物からみると、環濠Ⅰ、Ⅱ、Ⅴ、Ⅵは崧沢から良渚への過渡

(30)　許宏：『先秦城市的考古学研究』，北京燕山出版社、2000年8月。

期にすでに出現しその後も良渚文化後期まで利用され続け、環濠Ⅲは良渚文化中期に出現し、環濠Ⅳも同時期あるいはやや遅い時期に出現したことがわかっている。環濠Ⅲは環濠Ⅰの東北角に位置し、環濠Ⅰから極めて近く、西側の濠溝が環濠Ⅰと直接繋がっているという点において特別な存在である。また、こうした点は環濠Ⅲが環濠Ⅰと特に密接な関係にあったことを示している。さらに、環濠Ⅲは環濠Ⅱとも繋がっており、この環濠Ⅱは初期段階において環濠Ⅰから最も近い環濠であった。そのため、環濠Ⅱの集落は環濠Ⅰの集落から分離したもので、血縁関係にある子集落であった可能性が高く、また、良渚文化中期になると、環濠Ⅰの集落からさらに環濠Ⅲの集落も分離したと考えられる。そのため、環濠Ⅰ、Ⅱ、Ⅲは特に密接な関係にあったと考えられる。一方、初期段階に出現した環濠Ⅴも中期段階に出現した環濠Ⅳも同じく玉架山遺跡に位置しているが、前述の環濠と比べると明らかに遠い場所に位置し、その間をつなぐ水路もなかったため、これらの集落と環濠Ⅰの集落とには血縁関係がなく、他の要因を通じて形成された地縁的結合であった可能性が高い。

このように、玉架山遺跡という二級集落は、血縁的関係、非血縁的関係の両面から形成された新たな集落形態であり、集落群における各単体集落の役割と地位を再定義し、より複雑な社会的ネットワークを形成した。また、各小規模集団内では血縁を単位とした独立性も強調されていた。

2. 集落の単体としての構造

6つの環濠集落の中では、環濠Ⅰの保存状態が最もよく発掘面積が最も大きいため、それを集落構造の分析対象（図4-9）とする。他の環濠集落にも類似した構造が見られる。

第四章　集落の等級と社会

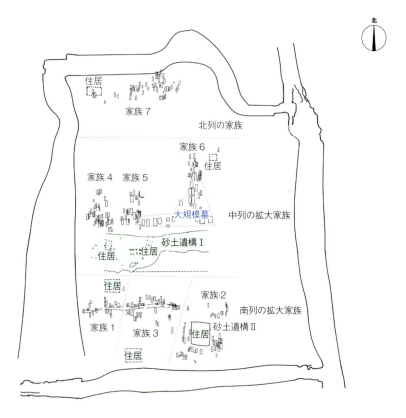

図 4-9　玉架山遺跡における環濠Ⅰの構造と社会編成

　環濠Ⅰの西側はすでに大部分が発掘された。平面図（図4-9）から、発掘区全体の墓は大まかに南北3列に分けられることがわかる。さらに、砂利が敷かれた「砂土遺構」が2か所整理され、墓の分布は砂土遺構と関連していることがわかった。また、住居址と思われる3か所の方形区域が見つかっている。
　南列の住居遺構には住居址2か所と砂土遺構Ⅱがある。砂土遺構

Ⅱは環濠Ⅰの土台の東南部に位置し、長さ 8～10m、厚さ約 0.15m、面積約 80m^2 の方形遺構で陶缸 1 点が見つかっている。この種の砂土遺構は土台の住居域と考えられる。砂土遺構Ⅱの形態と規模は、仙壇廟遺跡、普安橋遺跡の小土台と非常に似ている。また、砂土遺構Ⅱの周囲に多くの墓が分布しており、その上で発見された墓が 1 基のみであることから、相当の時間にわたってこの空地には住居建築が存在していたことがわかる。このような 70～80m^2 の広さの土台上に建てられた住居建築は一つの核家族と対応し、土台周辺の墓はこの家族の異なる時期の墓であると考えられる。また、砂土遺構Ⅱの西側にある 2 か所の方形の建築基礎部も、同様に、周辺の墓と従属関係にあると考えられる。

　砂土遺構Ⅰは環濠Ⅰの土台の中央部に位置し、東西約 70m、南北約 7.8～18m、最も厚い所は約 0.15m、面積約 1000m^2 で、部分的に壊れている箇所がある。砂土遺構Ⅰには柱穴遺構 F3、F4 と F5 がある。墓は砂土遺構Ⅰの北側と南側に分布していることから、この砂土遺構が存在した時期は仙壇廟遺跡の中期段階の後半、即ち、複数の独立した小土台が連結して一つの長土台へと拡張した段階に相当することがわかる。また、砂土遺構Ⅰの東北側でも方形の居住土台が発見された。

　集落の北端には一列の墓葬があり、それと対応する住居址はそれらの墓の西側に位置していると考えられる。目下、土台が 1 基発見されたのみであるが、そこに一家族があった可能性がある。

　集落の内部構造から見ると、環濠集落Ⅰは仙壇廟遺跡、普安橋遺跡のような基礎集落とよく似ている。例えば、1）村落内には何列かの東西方向に分布する小土台があること、2）人々が小土台或いは長土台に居住していたこと、3）核家族が経済の基本単位となっ

第四章　集落の等級と社会

たこと、4）家族の墓は土台の周辺に配置されたこと、5）地位と財産は世襲制度によって引き継がれたことなどが挙げられる。集落内の階級差も核家族を単位として顕れており、各小土台の住居は一つの核家庭に対応し、一列の住居は一つの拡大家族または小家族に対応し、環濠集落全体の3列の住居は一つの血縁集団宗族に対応していたと考えられる。

　砂土遺構Ｉは一つの拡大家族または小家族に当たる。次に北側の墓葬分布に焦点を当てて分析する。この区域の墓葬分布についてわれわれが最も直観的に認識できるのは、一列に配置された墓葬に階級差が存在していることである。この階級差は墓坑の規模の違いからも一目瞭然である。図4-9が示すように、西側の墓葬はすべてが小型墓で2組に分けられることから、それぞれ砂土遺構Ｉの西側にある住居に対応し、二つの核家族の墓葬と推測される。そのうち、東側の家族の墓エリアの東に東西に伸びる1列の墓葬があり、その全てが規模の大きな墓である。砂土遺構Ｉの東北部に位置する独立した小土台は別の家族の可能性が高い。この小土台の西側には南北に並ぶ墓があり、その中では、小土台に近い北部の墓は等級が比較的低く、一方、砂土遺構Ｉに近い南部の墓は規模が大きい。そのため、砂土遺構Ｉでは、その中央部と東部に近い墓は個別に列をなした大規模な墓であると考えられる。これらの墓の規模は非常に大きく、東西に50m近くあって砂土遺構Ｉの全長の三分の二を占めている。図4-9の家族5に属する6基の墓は比較的早くに作られたもので、そこには良渚文化前期において最高ランクのものであるM149（男性墓）とM200（女性墓）が含まれている。M149からは玉琮、三叉形器、冠状櫛背、紡輪、セットとなる錐形器などの玉器や、朱漆柄石鉞、陶缸などの遺物が出土しており、この遺跡内で発見さ

れた墓葬の中で最高ランクの男性墓である。M200は玉架山遺跡でこれまでに発見された墓葬の中で最高ランクのものであり、瑶山墓地に継いで浙北地区で発見された良渚文化前期の墓葬の中で最高ランクの女性貴族の大型墓でもある。墓からは平頂透彫刻紋冠状櫛背、琮式鐲、龍首紋錐形器、匕形器や対をなす箸形器などの器物が出土した（図4-10、図4-11）。これらの最高級の墓は二列の墓全体の中心に位置している。東側にある家族6に属する3基の墓は破損が深刻ではあるものの、墓坑の大きさから中央の大型墓より規模が大きいことがわかる。発掘隊のリーダーの楼航氏によるとこれらはおおよそ良渚文化中期の墓である。この3基の墓が配置された後、土台が東縁辺部に達していたためか、その後の大型墓の配置方向は完全に変わり北側へと分布するようになった。これらの墓の年代はおおよそ良渚文化後期にあたり、刻紋玉璧などの典型的な後期副葬品が出土した。その中の貴族墓には男女二体の被葬者が対称的に配列された形跡が見られ、夫婦関係である可能性がうかがえる。

　ここでこれらの良渚文化前期から後期までに属する一連の貴族墓を分析してみる。

　まず、これらの墓は西端にある二つの核家族の墓地と同じく砂土遺構Iに属する。上記の通り、この種の長土台には血縁関係をもつ拡大家族または小家族が居住していたことがわかっている。つまり、これらの貴族墓の被葬者と西側にある二つの庶民階層の核家族との間には血縁関係があったと推測される。

　これらの貴族墓も、仙壇廟遺跡の小土台2及び小土台3の墓葬と同様に独立した核家族に属するのか、という問題の詳細な検討は発掘資料の公開を待って行われることになる。しかし、発掘隊のリーダーの楼航氏によると、この一連の貴族墓の配置には特殊な点が

図 4-10　玉架山遺跡 M 200 の平面全体図、部分図及び出土土器

図 4-11　玉架山遺跡 M 200 の出土玉器の一部

見られ、そこからその構成関係について新しい認識を得ることができる。この整然と配列した墓の中で、西端に位置するものは良渚文化前期に属し、東部に位置するものは良渚文化中期に、最終的に北に折れて配置されたものは良渚文化後期に属する。つまり、良渚文化前期に西側の貴族墓 M200 が営造された時点で、東部の墓地は既に計画されており、その場所はその後の数百年にわたる各世代の継承者に残しておいたものなのである。当初、貴族は家族 5 に属していた可能性があり、中期以降、東側にある 3 基の墓から始まるこれら貴族墓はその後、家族 6 に属するようになったと推定されている。そのため、中期以降の貴族墓と前期の家族 5 に属する貴族墓の間にはすき間があり、また配置方向も北側へと変更されたのであろう。もしこれらの墓が一つの核家族のものだと考えると、仙壇廟遺跡の研究から得られた当時の平均出産年齢の 22.5 歳を援用すれば、理論的には一つの核家族は 100 年ごとに平均 4.4 世代となり、死亡した夫婦は合計 8.8 人である。ただし、この中には未成年者の死亡者数は含まれていない。しかし、前述の先史時代の各墓地には少なくない未成年者の墓があった。そして、出土した遺物からみると、砂土遺構Ⅰの北側にあるこの貴族墓地は少なくとも 500 年にわたって使用されていた。つまり、理論的にはこの期間を通して一つの核家族には 22 代の夫婦、合計 44 人が存在していたはずである。未成年の墓を考慮すると、44 人は理論上の最小数である。しかし、実際の墓葬は 20 基余りしかない。また、これらの墓坑の規模が非常に大きいことから、児童墓はなく、すべて成人墓と推測される。このことから、このような規格的に最高級の貴族墓は一般的な核家族の慣習に従って複数の家族成員を 1 か所に埋葬するという埋葬形態ではなく、ある種の社会的役割を果たした成員（またはその成員と配偶者）

のみを埋葬するものであったと考えられる。これらの貴族は西側と北側の二つの核家族からきている者で、この二つの家族の歴代の指導者であったと推測される。そして彼らは、土台列の代表となる小家族及び環濠集落全体を代表する宗族の首長であるにとどまらず、6つの環濠集落の中で身分が最も高位な人物でもあり、即ち、その権力が環濠内にとどまらず「邑」全体に及ぶような、またさらには臨平遺跡群全体にも及ぶような、政治的且つ宗教的指導者でもあったと推定される。

　また、夫婦の墓を並べて配置する現象が見られることから、核家族という概念が強調されていたことがわかる。また、良渚文化における貴族の副葬品は性差に応じて典型的な器物の組み合わせが異なっていたことから、性差による社会的な役割分担が明確であったことが推測される。各時期の夫婦が同時に政治的または宗教的役割を担うことは不可能であるため、配偶者の一方が「夫貴妻栄」または「妻貴夫栄」の原則に基づいて貴族墓に埋葬されたと判断できよう。さらに、家族墓地の区域内に、家族の権力範囲を超えるこれらの貴族を埋葬するための十分なスペースが事前に確保されていたことは、当時、これらの社会的権力の担い手が自由競争によって選ばれるのではなく、必然としてこの家族内から選出されると予期されていたことを示している。したがって、王権ないしは神権として表される公権力は特定の血縁関係に基づいて世襲されていた可能性が高い。良渚文化前期において貴族は家族5に属し、中期・後期においては家族6に属するようになった可能性が高いことから、拡大家族のレベルでは、兄弟相続という補助的相続制度が存在し、これが核家族の継承を補完する形で機能していたことが示唆される。これにより、これにより、直系血族による継承が不可能な場合にも、権

力が拡大家族または小家族内で継承され、外部の人に移行しないように保証されていた。そのため、環濠集落Ⅰの中列に居住していたこの家族は、玉架山という「邑」の「神聖な家族」であったと考えられる。

　これらの顕著な地位を持つ者の社会的身分と権力はその宗族の範囲を超えていたことから、この社会には公権力に関連する建築物や儀式空間、例えば宮殿、祭壇、広場などの施設も存在していたのかという問題が浮上するが、砂土遺構Ⅰにある建築遺構はすでに破壊されており、また他の地域についての詳細な資料はまだ公開されていないため、目下そのような存在を断定することは難しい。しかし、これまでの発掘調査から見て、砂土遺構Ⅰないし他の地点にこの種の儀礼建築が存在していたとしても、その規模は宗族が居住する環濠の範囲に限定され、特に大きな規模や高級な形式を持つことはなかったと推測される。

　こうしたことから、これらの顕著な地位を持つ者による他の環濠内の成員に対しての管理とコントロールは比較的緩やかなものだったと推測できる。おそらく各環濠の宗族の首長だけに直接的或いは間接的な指導を行い、その上で各環濠内部の血縁宗法システムを利用して全員に対する権力を行使していたと考えられる。

3. 玉架山遺跡における社会編成分析の結論

　(1) 一つの大規模な集落を中心とし、その周囲には複数の小規模な集落が分布している。各集落は一つの宗族を体現していた。その中では、中心集落の宗族と血縁関係にある集落もあれば、そうでないものもあった。宗族集落の等級差は明確であった。集落内の宗族では、最小の経済単位は核家族であり、核家族間の差異は顕著であった。

(2) 中心集落の宗族内には複数の家族があり、家族ごとに分かれて居住していた。その中の中心家族の首長家族（核家族）の社会的権力は宗族の範囲を超え、玉架山集落全体及び臨平遺跡群に対して神権及び王権を行使していた可能性がある。死後は、一般の家族成員の埋葬区とは別の、所属する拡大家族の墓地内の特殊な墓葬区に埋葬されている。

(3) 権力の頂点に位置する集団は、周辺の宗族の首長に対して血縁関係を超えた管理制御を行っていたようである。一方、各環濠集落の内部では血縁関係に基づく管理方法が依然として実施されており、これは、歴史時代の都市と村の管理方法と類似している。

(4) 神権や王権に基づく専用の儀礼建築については、中心集落の内部に設置されていなかったか、あるいは中心集落内に存在していたが儀式用空間として顕著ではなかったのではないかと判断される。

4. 人口推計

現段階では詳細な発掘資料が公開されていないため、環濠集落内の具体的な住居や墓などによって各時期の人口規模などの集落要素を復元することは困難である。したがって、ここでは先に述べた集落人口と面積の数値を用いて推定を行ってみる。玉架山遺跡は良渚文化の前・中・後期にわたって営まれていたが、時期によって規模と人口が異なっていた可能性があるため、遺跡の面積からピーク値を割り出してみた。現在、比較的完全に整理された環濠Ⅰの面積は約 2.5 万 m^2 で、100〜150 m^2/人の人口密度で計算すると、総人口は 167 人から 250 人の範囲となり、中間値を採用すると 209 人と推定される。同様の方法で、環濠Ⅱ、環濠Ⅲ、環濠Ⅳ、環濠Ⅴ、環濠Ⅵについても計算を行うと、それぞれの人口の中間値は 80 人、80 人、42 人、120 人、67 人となる。これにより、集落群全体の総人口

は約598人となり、基礎集落の人口規模を大きく上回ることがわかる。

単体集落間及び周辺1km圏内に水田の存在が確認されていないことから、集落群全体の食糧供給は外部に依存していたと推測される。コメが食料の50%を占めていたと仮定する。即ち、1人あたり1日のコメの消費量を0.25 kgとして計算すると、この集落群全体の年間コメ消費量は約55000 kgに達し、出米率を70%とすると、イネの量は合計7.8万kgとなる。良渚文化期におけるイネの推定生産量は、耕作技術の類推から、当時水田の1畝あたりの生産量が約75 kgと推定できる。一方、イネのプラント・オパールの密度についての推定からは141 kgと推算される。1畝当たりの生産量を中間値の100 kgで計算すると、玉架山集落の人口を支えるには約780畝の水田が必要となる。これは10個所の茅山集落の水田面積の合計に匹敵する。また、各基礎集落の食糧はその集落の成員も消費するため、直接的に食料生産に従事しない集落を維持するには、後方支援の負担は非常に重い。

このような集落形態が形成された要因については、現段階では明らかにすることができない。

（二）姚家墩遺跡

姚家墩遺跡集落群は莫角山良渚古城以北の苕溪の北岸、良渚文化期の水利システムである塘山遺跡の東側に位置し、姚家墩を中心とする7基の土台から構成されている（図4-12）。

平面的分布からみると、姚家墩は中心的な場所に位置し、面積は約3.5万m²で遺跡群内で最も大きく、南北に長く東西に狭い長方形で、周囲の水田面との高低差は2～3mである。東側には葛家

第四章　集落の等級と社会

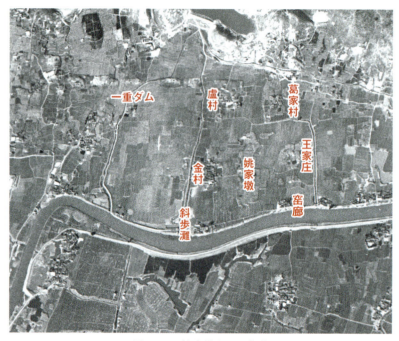

図 4-12　姚家墩と周辺集落

村、王家庄と窰廊があり、西側には盧村、金村と斜歩灘がある。これら6基の土台は姚家墩から約100mの距離に位置し、各々の面積は1万〜2万m²で、周囲の水田面との高低差は2〜3mである。葛家村と王家庄の東側には当時東晋港が存在し、南は苕溪に接し、北は大遮山山脈に達していた。盧村と金村の西側にも西塘港と呼ばれる河道のようなものがあった。南部の苕溪に関しては、関連領域の学者から良渚文化期以降に川筋が変わったためこの地域を流れるようになったとの見解が出されている。また、姚家墩を含むこの7基の土台の分布が極めて集中していることから、密接な関係を持つ土台組であったと考えられる。

この中のいくつかの土台では小規模な発掘調査及び試掘調査が行われた。特に、姚家墩では良渚文化期に属する比較的高級な建築遺構が確認されている。また、その周辺の盧村では良渚文化中期の前半と後半の土台遺構が発見されており、過去には琮、璧、鉞など重要な玉製礼器が出土していることから、盧村の土台の上には副葬玉器を持つ大型貴族墓が存在したと考えられる。また、葛家村では良渚文化中期の墓6基が発見され、王家庄と金村でも盧村や姚家墩と同じ時期の堆積が確認されている。窯廊と斜歩灘ではまだ発掘調査が行われていないが、その位置及び他の土台との相対的な位置関係からみると、良渚文化期の遺跡の可能性は極めて高い。

　以上より、この一連の土台は一つの集落群を形成していると推定される。その分布状況は玉架山遺跡とよく似ている。現時点では、これらの土台の性質については不明な点は多いものの、塘山遺跡東段が建設された目的は、康門ダムが所在する北側の山谷からの水をこれらの土台の間へと導き、そこからさらに南へ向かって流すことにあったと推測される。また、塘山遺跡東段の金村では大量の水を必要とする玉器工房遺構も発見されており、これらの発見は姚家墩集落群の機能についての新たな想起をよぶだろう。

三　一級集落の構造と分析

　一級聚落とは、都邑レベルの都市を指す。現在までに発見されたのは、余杭区瓶窯鎮に位置する良渚古城のみである。

　良渚古城とは、複雑な構造と機能を備えもつ古代都市である。それは単に莫角山を取り囲む囲壁によって定義できるほど簡単なものではない。遺跡の配置からみると、この都市は中心から外側に向かって順に宮城、内城、外郭という三重構造を持ち（図4-13、

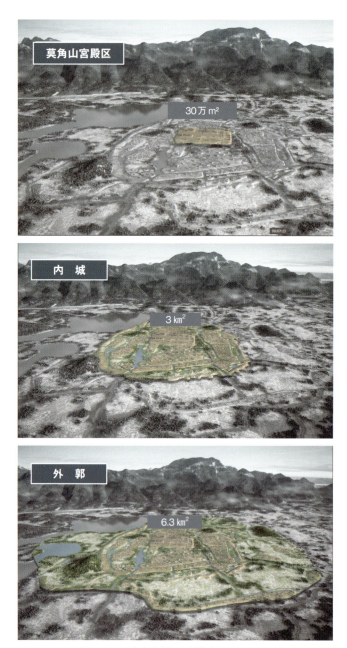

図 4-13　良渚古城三重構造の見取り図

図 4-14　良渚古城三重構造復元図

図 4-14)、西北部にはそれに関連する水利システムが存在しており、また、城外の山間部には祭壇が設けられ、近郊には集落、遠郊には集落群（図 4-15、4-16）が存在していた。その広い視野からの計画と壮大なスケールはまさに驚嘆に値するもので、中国江南地域の初期都邑都市の典型として、「中華第一城」と称される。

　年代学的研究によれば、良渚古城は今から約 5000 年前に営造が開始され、約 4000 年前に放棄されたと考えられる。この期間は約 1000 年に及び、古城の放棄された時点は良渚文化の存続年代の下限を超えている。おそらくその間、拡張・改築・廃棄が何度も繰り返されている。現在の考古学的調査技術では、このような長期間にわたる変遷を詳細に復元することは困難であるが、年代学的データ

図 4-15　1960年代の衛星画像における良渚古城とその水利システム

図 4-16　良渚古城及びその水利システムの復元図

第四章　集落の等級と社会

により、古城の主要な構造の形成順序は概ね把握することが可能である[31]。具体的には、今から約5000～4850年前に、水利システム、反山、莫角山の宮殿区がまず建設され、約4850～4600年前には、卞家山、美人地などの外郭と内囲壁が形成されたと推定できる。囲壁に関するデータは乏しいため、卞家山や美人地などの環状集落が先に存在した可能性を排除することはできないが、表現を簡潔にするため、ここでは全ての構造が完成した最終段階の集落構造に焦点を当てて議論する。

以下では、内側から外側へ、即ち宮城、内城、外郭の順に分析していく。

(一) 宮城

図4-17に示したように、4本の河道に囲まれた区域を宮城区と呼ぶ。

この区域には、標高が最も高い莫角山及び皇墳山の宮殿区、反山墓地と姜家山墓地が位置する西側の南北に伸びる高地、池中寺の食糧倉庫、池中寺の両側の池苑水域、そして、東側の李家山、北部の毛竹山などの二次的高地が含まれる。

8つの城門にも通じる4本の最も大きな主幹水路が、上述の区域を独立した区域として取り囲んでいる。良渚古城に対する現代の数値標高モデル（図4-18）からみると、中心部の莫角山と皇墳山、そして、反山、姜家山、桑樹頭のある西部の南北に伸びる高地の標高が最も高いことがわかる。莫角山南部には池中寺の食糧庫と水域があり、西南側に唯一の外部へと通じる水路が設けられている以外、

---

(31)　秦嶺：「良渚遺跡的形成―年代学初歩的研究」、『良渚古城総合研究報告』浙江省文物考古研究所, 文物出版社, 2019年。

皇墳山と微高地が莫角山から大きく広げた両腕のように池中寺の食糧倉庫と周辺の水域を取り囲んでいる。これは、該当施設の重要性が高く特別な保護が必要であったことを示しており、また、これらの施設が宮城内部の厳格な管理下に置かれ、御用の食糧倉庫に類似した機能を果たしていた可能性が高いことも示している。莫角山北側の毛竹山の機能については、現段階では不明確であるが、試掘により住居用の建築遺構が確認された。

概して言えば、これら4本の主幹水路に囲まれた各機能区域は、宮殿、広場、住居、墓地、食糧倉庫、池苑を含み、機能完備の独立区域を構成していたのである。この区域の建築物の高さ、規模、規格は最も高く、古城の中心部に位置している。地形からみると、元々西南側で鳳山と連結していたであろう微高地が、その後、河道を繋ぐために人工的に開削されたことが窺える。これによりこの地域の地位と独立性が特に強調されていたこと、周辺地域とは一線を画す存在であったことを示している（図4-19）。良渚古城内においてこの地域は、機能の完備した構造的に独立した宮城区域であり、後世の故宮に相当するものと考えられる。

1. 莫角山と皇墳山

莫角山は古城の中央に位置し、良渚古城最大の構築物である。莫角山本体は長方形の覆斗状（四角錐台）の土台で、東西長約670m、南北幅約450mで、面積は30万m^{2}を超え、土台表面の標高は約13mに達する。土台の上にはさらに3つの人工堆築による基壇があり、三脚鼎立の構えを呈している。一つは、西北に位置する小莫角山で、東西100m、南北60mで、土台表面との高低差は約5mである。もう一つは、東北に位置する大莫角山で、東西180m、南北110mで、土台表面との高低差は約6mである。

図 4-17　1960年代の衛星画像における良渚古城の三重構造

図 4-18　現代数値標高モデルでみる良渚古城の三重構造

　最後の一つは、西南に位置する烏亀山で、亀の甲羅のような形状を呈しており、東西 80m、南北 60m で、土台表面との高低差は約 4m である。

　莫角山土台は、西側の自然の山である姜家山の東斜面を基礎として、東へ向かって拡張造営が行われた、人工的に形成された長方形の覆斗状の高台である。ボーリング調査により、莫角山の基底部は西高東低の特徴があること、つまり西部の基盤は山の斜面を利用してその上に盛り土を行っていたのに対し、東部の基盤は山麓斜面の自然の淤泥層であることがわかる。全体としては、莫角山の堆積構造は「あんまん」のようになっており、内部は柔らかな淤泥土で、外層は比較的硬質の黄土で形成されている。ボーリング調査では、

図 4-19　良渚古城宮城内の機能区域

　莫角山にある 3 つの基壇下部にある淤泥堆積面が相応の高さがあることも明らかになっている。これは、台地の営造が開始された時に、大莫角山、小莫角山、烏亀山の位置が既に計画されており、淤泥堆積面を意図的に高く積んで形成したものであることを示唆している。

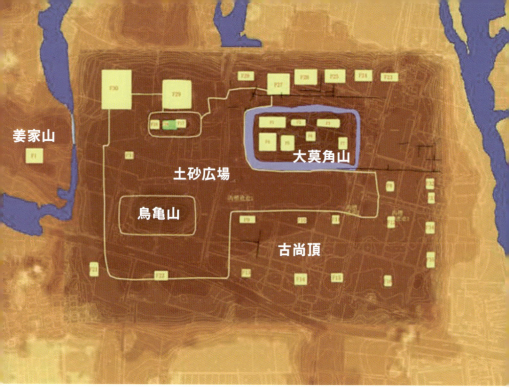

図 4-20　莫角山の遺構配置

　これにより、莫角山全体を一度に堆積して形成したと考えられる。莫角山宮殿区内では、住宅基礎 35 基、土砂広場 1 か所が確認されている（図 4-20）。

　土砂広場は大莫角山の南部、小莫角山の南部、烏亀山の南部及び 3 基の宮殿基礎部の間に設けられている。広場はほぼ曲尺形を呈し、東西長約 465 m、南北幅約 320 m の範囲内に広がり、総面積は 7 万 m^2 に達する。この広場は粘土と砂質土の互層からなっており、版築技法で構築されたためきれいな層状の締固め層を有しており、発掘調査では突固めの痕跡が見出された。広場の突固め層は最大 15 層で、ほとんどの部分で一層の厚さは 5〜25 cm、版築層総厚は 30〜60 cm である。ただし、一部の区域、例えば烏亀山の南部は比較的薄く、大莫角山の南部は最も厚い所では 130 cm に達する。土砂広場は莫角山内で重要な儀式が行われる場所であったと推定さ

れる。

　皇墳山は莫角山の東南側に位置し、自然の山体を利用しその上に土を盛り上げて構築されたもので、全体の形状は対角線で接する二つの方形になるように整えられたことが明らかであり、規模は莫角山より小さいものの、高さは莫角山と同じであり、小道によって莫角山と連結している。その上には大莫角山と同様の人工堆築による長方形の高地があり、これは八畝山と呼ばれて大莫角山と一直線上に分布している。このことから、皇墳山は莫角山と関連する宮殿構造物であったと推定される。

　皇墳山に対する考古学的発掘調査はほとんど行われていないが、近年、皇墳山の東北側にある緩やかな山の斜面で規格的に高級な良渚文化貴族墓が発見された。また、果樹園（訳註：莫角山遺跡上の大観山果樹園）の西南角からは大量の玉器が出土したことがあると伝えられている。以前、余杭博物館に反山M17で出土した玉亀に類似した玉亀が寄贈されたことがあり、その出土元もこの地域であるとされている。以上から、皇墳山周辺には少なくとも2基の比較的高級な貴族墓地が存在することが示唆される。

2. 南北方向の高地

　西側にある南北方向の高地では、その北端に反山王陵があり、中央部には姜家山墓地が位置する。南端の桑樹頭では大型の建築基址が発見されており、また、以前に大量の玉璧なども出土したことから、この区域にも高級貴族墓が存在すると推測される。

　反山墓地はこの長束形微高地の北端に位置し、東西長約90m、南北幅約30m、高さ約6mである。1986年に浙江省文物考古研究所がこの墓地の西部の三分の一を発掘し、良渚文化の大型墓葬11基を発見し、大量の玉器や石器などの貴重な遺物が出土した。これ

図 4-21　反山墓地

らの発見は、反山墓地が良渚文化における最高レベルの王陵級の墓地であることを示している（図4-21）。

　反山の墓地は早期と晩期というように大きく2つの段階に分けられる。早期段階の墓は良渚文化前期の終わり頃に属し、保存状態は比較的良好であった。これとは対照的に、晩期段階の墓は大部分が壊れているが、その中の残墓 M19、M21 の年代は良渚文化後期に属し[32]、これは城壁の営造時期と使用年代に当たる。反山の墓は南北に並行して配置されており、頭位はすべて南方向であった。副葬品の組み合わせに見られる明らかな違いから、大多数の研究者は

---

(32)　浙江省文物考古研究所：『良渚遺跡群考古報告之2――反山』、文物出版社、2005年。

図 4-22　姜家山の小型墓地における男性墓と女性墓の分布（黒は男性墓、赤は女性墓）

　南列が男性墓、北列が女性墓で、南北に対応関係があるとみなし、被葬者が夫婦に類似する関係にあることを示唆している可能性があると考えている。墓坑の大きさからみると、そのすべてが成人墓の可能性が高い。また、反山墓地はその等級の高さから、大多数の研究者はその被葬者の社会地位は王と王后に相当すると推定している。
　姜家山墓地は反山から南へ約200m、莫角山の真西に位置している。姜家山墓地からは14基の良渚文化墓が発見された。
　副葬品のなかで、陶鼎はすべて魚鰭形足で、一部の鼎足は外側の

第四章　集落の等級と社会

図4-23　姜家山の住居址と墓の配置

縁にやや厚みがあること、2基の墓から濾過器が出土したこと、高柄豆はすべてが幅の広い圏足が付いていること、これらは良渚文化中期段階の特徴を反映している。出土玉器の形状と特徴は反山墓地のM23などから出土した玉器と類似していることから、姜家山墓地の年代は反山墓地と近いであろうと推測できる。墓地の東側、即ち姜家山墓地の東部中央にある最高地点で1基の住居基礎部が整理された。この基礎部はF1と番号付けられ、ほぼ方形を呈し、東西長25m、南北幅21.5m、面積約530m²で、破壊のため柱穴や基槽などの遺構は発見されていない。F1北部でボーリング調査が行われた際、大量の土器片が混じる紅焼土塊の堆積が多く発見された[33]。これは姜家山の東部がかつて重要な居住区であったことを示している。このことから、姜家山墓地の墓主がこの地に居住していた可能性が高いと考えられる。しかしながらその上部はすでに破壊されており、具体的な住居構造は不明である。面積は530m²で、仙壇廟跡など100m²未満の土台の五、六倍の大きさがあることから、複数の家族が居住していたと考えられる。また、姜家山の墓は二列に配置されており、各列に男性墓も女性墓もあるこ

(33)　浙江省文物考古研究所：『良渚古城総合研究報告』、文物出版社、2019年。

とから、土台の上にある住居にも同様に複数の核家族が居住していた可能性が高いと推測される。

姜家山より南約700〜800m、微高地の南端に近い桑樹頭地点で、2018年に組をなす3基の建築基礎部が発見された。また、その北側では以前に玉璧などの玉器が大量に出土したことから、一組の貴族墓が存在していたと推測される。

この微高地では、上記のほぼ確定された3か所の墓地のほかに、反山の南側、旧小池塘の北側の地点でも複数の良渚文化の小規模な墓が池塘の北壁部分にあるのが発見された。現時点ではまだ整理されていないが、分布配置からみると、独立した墓地と推定される。

この高地はおそらく早期に形成されたもので、人工的な盛り土によって北側の大遮山脈と独立していた丘を連結し、そのまま姜家山を経て鳳山にまで至っており、分水嶺の役割を果たしている。その東部は遺跡密集地で、数百の遺跡が分布している。これとは対照的に、その西側の大部分はダム貯水域で、ダム堰堤以外、14km^{2}の貯水域範囲内では遺跡が全く見つかっていない。最初期の反山墓地と姜家山墓地はこの高地の上に造営されており、莫角山宮殿区もこの高地の姜家山の山体を基盤として東へ拡張して形成されたものである。良渚囲壁が構築される際、内濠が城エリア内の高地を南北に貫いて分断したため、宮城の西側には独立した構造が形成された。反山墓地の後期の2基の残墓が良渚文化後期に属することから、この区域はずっと墓地などの機能を担っていたと考えられる。この高地の墓地についての分析は後述する。

3. 池中寺と池苑

池中寺遺跡（図4-24）は莫角山西側南部に位置している。ボーリング調査によって、その底部には大規模な炭化籾の堆積層が存在す

図 4-24　池中寺の衛星画像

ることが明らかとなった。この炭化籾の堆積層は南北二つの部分に分けられ、黒灰色を呈し、大量の炭化物や紅焼土粒子に交じっている。南部の面積は 6700 ㎡ に達し、大部分の堆積の厚さは約 70 ㎝で、一部は 120 ㎝に及ぶ。北部の面積は 5150 ㎡ に達し、堆積の厚さは約 25 ㎝である。南北を合わせた炭化籾の堆積層の総体積は約 6000 ㎥ である。ボーリング調査の結果とランダムサンプルにより得られた籾の平均密度（1 ml の土に含まれる籾の数量）に基づき、埋蔵された籾の総量の推定を行った。サンプルを分析した結果、籾の密度は 2.17 粒 /ml で、籾の千粒分の重さを 15g（現代の籾の千粒重は 18～34g）と仮定すると、池中寺の籾の総重量（重量＝平均密度×体積×15g/

三　一級集落の構造と分析

千粒）は約 195,300 kg となる[34]。この炭化籾の遺存体は粒が完全な米の状態で、一般的な土器片、豚の骨などの日常生活の廃棄ゴミと混在していないため、おそらく大量の籾を納める食糧倉庫が火災に遭い形成された堆積物ではないかと推測される。これまでに大規模な発掘調査が行われていないため、この食糧倉庫の具体的な形態や配置についての詳細は未だ不明である。

　位置から見ると、池中寺遺跡の立地は精密に計画されたものであることがわかる。この遺跡は東西両側が水域に隣接しており、実質的には島である（図4-25）。倉庫施設の火災は致命的であるため、その危険を最大限に回避するために倉庫を水域に囲まれた島に独立して配置したのである。池中寺西側の水域は高地に囲まれているが、南側に一本だけ外部につながる通路があり、この通路は南に伸びて主幹水路の良渚港（訳註：この地域では「港」は地名用字で、船の通うことのできる小河川を指す。）と繋がっている。これにより安全が確保されたと同時に、水路を通じて稲籾の運び入れが可能になった。池中寺東側の水域は人工池苑であり、その底面は西側の自然水面よりも明らかに高い。また、池中寺東部では莫角山、皇墳山と連結する南北方向の堤道が築かれ、その堤道は南北の通路であるとともに堰堤の役割を果たしている。これによって東側の貯水池の水位が保持されるため、宮殿区全体への水供給が可能となった。

　宮城範囲内の、莫角山の東斜面と西斜面で斜面を覆う形で厚く堆積している炭化籾が検出された。東斜面ではボーリング調査の結果から、炭化籾の総量は1.3万kgほどになると試算される。また、西斜面でも総量は少なくないと推測できる。これらの地点は元々倉庫

---

(34)　浙江省文物考古研究所：『良渚古城総合研究報告』, 文物出版社, 2019年。

第四章　集落の等級と社会

図 4-25　数値標高モデル (DEM) が示す池中寺台地及び周辺構造

ではなく、莫角山土台から投げ捨てられた廃棄物が堆積する場所であったと考えられる。もし時間の経過によって倉庫の位置が移転したのではないならば、莫角山には池中寺以外にも比較的小さな規模の倉庫が存在していたとも考えられる。しかし、池中寺が最大規模の、最も中心的な倉庫であったことは疑いようがない。

（二）内城

内城は宮城を囲む主幹水路から内城の城壁までの区域を指す。

1. 城壁

古城の平面形はほぼ隅丸長方形で、南北正方位をとる。おおまかに莫角山土台を中心に、東西約1500～1700m、南北約1800～1900mを測り、城壁の一部はいまだ4mほどの高さが残る。

城壁の東西南北それぞれの試掘箇所の地層断面から、全体の構造はほぼ一致していることがわかる。また、この断面の観察から、壁体の構築法は以下のように精密に行われていたことがわかる。まず地山の上に淤泥が10～20cm積まれ、その上に石が敷かれている。石敷きの範囲は、その幅が40～60mほどのところが多いが、一部では100mにも達している。石敷きのほとんどの部分は、両端は下り傾斜で中央部は平らになっており、中央部分の上に純粋な黄土だけを使って壁体が築かれている（図4-26）。現在、トレンチ調査を行った各地点では城壁沿いに古河道が検出されており、これは外濠であったと考えられる。また、西壁と東壁の断ち割り断面から、城壁の内側にも類似した構造をもつ内濠が存在したことが明らかである。これは古城の城壁が「夾河築城」（訳註：城郭都市に外濠と内濠を設け、それぞれ城壁の外と内で城壁のまわりを囲いめぐらす構造である。）という営造方式を採用していたことを示している。また、石敷きの両端は緩やかな角度で内濠、外濠深くまでつながっていた。

「夾河築城」構造は経済的かつ効率的な伝統的営造形態で、またよく見られる土台集落の営造形態でもある。土台の計画地点の付近で溝を掘り、その水路を周辺に密に分布している水路網と連結することが特徴である。溝を掘ることによって手っ取り早く土台の構築に必要な土の一部分を取ることができたと同時に、人工河道により貯

第四章　集落の等級と社会

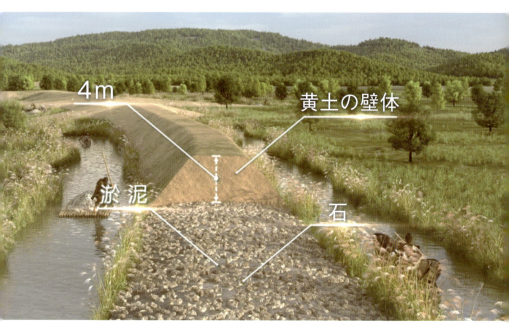

図 4-26　良渚古城城壁の構造

水容量が拡大されたため、雨季に土台上にたまった水の排出が容易になり、さらに、集落の生活用水、輸送、漁撈など多様な需要を満たすことができた。また、この地域では先史時代には大型動物による畜力が乏しく、また車輪を用いた輸送用手段なかったため、水運は人力による運搬より遥かに効率的かつ経済的な輸送手段であった。つまり、上述の工程において、城壁を積み上げる際に両側の地面を掘り下げることができれば、輸送効率の大幅な向上にもなり、城壁工事完了後の外濠と内壕の形成にもつながるのである。この構造は古城の特定の築造方式の結果である一方で、環濠の配置による防御範囲の拡大、交通、排水と用水、漁撈養殖などの機能をも備えられるという、多面的な機能を果たす効果的な構造であったと言える。

三　一級集落の構造と分析

　比較的完全な城壁断面を観察すると、壁体の内外両斜面で何層にも重なった傾斜状の堆積層がよく見られる。堆積層はやや多くの土器片や有機物などを含み、灰黒色を呈し、斜面から外濠と内濠の城壁に近い側の沿岸まで広がっている。この種の地層は土質が柔らかく、様々な種類の有機質遺物や大量の土器片を含み、葡萄畈などの地域の一部の地層ではやや多くの紅焼土の塊が発見された。これらの地層の土色と土質は、壁体の構築に用いられた地山とは明らかに異なる。城壁頂部の遺構がほぼ破壊された状況では、その両側の廃棄物に対する分析が城壁の機能を推定する有効な方法である。分析により、これらの地層内の包含物と堆積状況は一般的な良渚文化の高地住居址の斜面にある廃棄物の堆積と一致することがわかる。東西南北を囲う城壁全体の四方面の各地点でトレンチ調査が行われ、城壁の内外両側の斜面下部にのる灰黒色の傾斜地層が発見された。その地層は良渚文化の居住土台の外側で発見された生活廃棄物の堆積層とよく似ており、鼎、豆、罐、盆、鬶、盉など日常生活の土器が多くみられ、石鉞、鏃など軍事用途に関連する遺物も少量出土したことから、これらは城壁の上に居住していたある時期の人々の日常生活から排出されたゴミであると推測される。

　古城城壁の断面は台形を呈し、保存状態が良好な位置での観察によると城壁の内外両側の斜面勾配は非常にゆるやかである。北壁の断面（北TG2）を例にすると、その外側の傾斜度は約20°余りである。南方地域は降水量が多く、また人工的に積み上げた積み土は直立性に欠けるため、急勾配の斜面を形成するのは難しかったのであろう。現在、この地域の東苕溪両岸の堤防も土堤となっているが、この斜面は崩壊を防ぐために、一般的に陸側の斜面比（斜面の垂直距離と斜

第四章　集落の等級と社会

図 4-27　良渚古城風景の復元図

面の長さの比）を約 1 : 2 [35]、つまり傾斜度を約 27°近くに保つ必要がある。この傾斜度は長期にわたる実践を経て得られた科学的な結果である。このことから、同じく土築構造の良渚城壁においても、内外両側の傾斜度はこれに類似していたと推測される。ボーリング調査によって、壁体基底部の幅は 40〜60m、残高は 4m 余りであることが確認された。数千年の土壌侵食を考慮すれば、城壁の元の高さは 5m を下回ることはないと推定できる。仮に高さが 5m として 1 : 2 の斜面比で計算すると、最も狭い 40m の基底部の地点でも城

---

(35)　良渚遺跡管理委員会の王輝氏より提供された情報に基づく。

壁頂部の幅は約20ｍになる。近年、北壁トレンチの東側に位置する城壁頂部で発見された2基の長方形の基壇は住居建築の基礎部であったと推測される。これにより、城壁上には人の居住があったのは確かである（図4-27）。

　ボーリング調査の結果、壁体基底部の敷石層の幅は場所によってまちまちで、大部分は約50ｍであるが、一定の間隔で内外両側に向かって伸びる緩やかな長い斜面があり、こうした箇所では幅が100ｍ近くに達することが確認された。そのため、上空から見ると城壁縁辺部は凸凹状を呈する。これらの城壁から環濠へ伸びる緩やかな斜面は環濠までの通路として城壁頂部の居住者に利用されており、埠頭や桟橋と同様の役割を果たしていたと推測される。

　この地域の黄土が直立性に欠け、また南方地域では雨が多いことを考慮に入れると、土築城壁の壁面が急勾配の斜面であったとは考えにくく、おそらく緩やかな斜面だったのではないかと推測できる。西壁と北壁の断面からみると、城壁内外両側の傾斜度は、現在の土築構造の苔渓の大堤の簡単に頂部まで上がることができる傾斜度とほぼ同じである。そのため、城壁だけで外敵の侵入を完全に阻止できる可能性は低く、せいぜい敵の侵攻速度を遅らせる程度の効果しかなかったと推測される。そこから、真の防御的機能を果たすのは城壁上の他の補助施設と多くの人員であったと考えられる。以上の分析から壁体基底部の幅を40ｍ、さらに100ｍにもした理由についても次のように推測できる。もし城壁の構築が単に防御のためであるならば、外壁面を急勾配に築けば十分である。そして、基底部の幅をそれほど広くする必要はない。一方、もし十分な高さを確保するために基底部の幅を広げたとすると、必然的に城壁の壁面は緩やかな斜面となり、敵の侵入を阻止する役割を果たすのは難しいだ

第四章 集落の等級と社会

ろう。そこから、良渚人が時間と労力をかけてこのような幅を持つ城壁を構築した理由は、城壁が構築される際に城壁頂部に住居機能が設計されていたからで、内外の濠へと続く緩やかな斜面は、用水や交通の利便性を高めていたのではないかと考えられる。

　以上のように、良渚古城の城壁の形態や機能は、一般に軍事防御施設と捉えられる城壁のそれとは大きく異なっており、南方地域の初期都邑に特有な施設であったと考えられる。

2．城門と水路

　ボーリング調査が行われた結果、良渚古城の東、西、南、北の四面の城壁にそれぞれ2か所ずつ開口部があることが明らかになっている。一部の開口部は現在、低く平らな水田となっているが、その下は淤泥堆積であり、石塊や城壁の黄土層の分布が見られないことから、これらの開口部は城内外の古河道と繋がっている古代水域の一部であったと推定される。また、一部の開口部は現在も河道を通っており、これらの開口部は古城の水門であったと考えられる（図4-28）。例えば、南壁西門と東壁南門の間には現在、良渚港が通っている。良渚港の南北両岸にある小山橋と響山の2か所で、良渚文化後期の河岸堆積が確認できたことから、良渚港の基本構造は当時既に形成されており、現在に至る数千年間に大きな変化はなかったと考えることができる。他の水門の河道は現在かなりの部分が埋没しているが、その近くでは断続的に分布するため池などの古河道の残存部がよく見られる。北壁東門が位置する火渓塘地点の発掘調査では、その地点の堆積は河川状の構造を持っていることが確認された。この場所で完全な土器を納める木造の貯蔵穴が発見され、年代も良渚文化晩期に属することがわかった。この水門の水路は北壁南側のため池と繋がっていることから、この細長い形のため池は古城

三　一級集落の構造と分析

図4-28　南城壁東南水門の復元図（城外から内側を見たようす）

の内濠の一部であったことが証明されている。こうしたことから、良渚古城の四面には合計8か所の水門が存在しており、これらの水門を通じて古城内外の水路が連結されていたことによって、水上交通網が整備されていたと考えられる。

　現在、南壁の中央部からやや東の位置に三つの台地からなる「品」字形の小さな開口部が発見された。この開口部は陸上の城門の可能性がある。これについては、より詳細な情報を得るため、現在さらなる試掘調査を進めている。しかし、総じて言えば、良渚古城の主要な交通システムが水上交通であったことは確かである。

137

第四章　集落の等級と社会

図 4-29　鍾家港遺跡沿岸工房景観復元図

3. 内城の構造と配置

　4本の主幹水路及び他の水路によって、宮城の外側にある内城は複数の区画に分割されていた。これらの区画は一般に人工的に地面がかさ上げされており、城外区域の地表面と比べ1mほど高くなっている。さらに、これらの区画は境界となっている河道のほかに、一部には囲壁のような施設も存在していたことから、城壁という統一的な境界に囲まれた各区画が相対的な独立性を保持していたことが示唆される。

　城内の主幹水路の中で、南部の良渚港は現在も河道として機能している。一方、東部の鍾家港はほぼ完全に埋没している。古城の世

界文化遺産登録申請の際に実施された洪水対策の一環として、鍾家港では広範囲にわたる整理作業が行われた。この整理作業では、鍾家港古河道発掘区は北段、中段、南段の三区に分けられた。

　鍾家港の南段と北段は両岸共に台地に隣接するため、河道内堆積では大量の土器、石器、及び木器などが発見された。鍾家港遺跡南段西岸の李家山台地縁辺部では保存状況の良い木製護岸遺構が見つかったが、これほどに工夫が凝らされた護岸遺構は同時期の河道東岸において他には見当たらない。流れが緩やかな河道において、このように両岸の施設に違いが生じる理由は、実際的な機能に対する需要に起因するのではなく、両地域の階級上の高低差に対応していた可能性がある。西部の李家山台地は宮城区に属するのに対し、東部の鍾家村台地は宮城の外側の内城区に位置しており、階層が低かったと考えられる。東部の鍾家村台地上では、大量の紅焼土の堆積層が発見され、台地縁辺部の堆積層からは多くの石英片、玉の原石、穴あけ作業に使われる玉芯と石芯などの遺物が出土した。これらの遺物と各種の土器片、有機質廃棄物が混在していることから、当該地区の河岸沿いの台地は手工業工房域で主に玉器・石器を製作していたと考えられる。また、住居域と工房域が混在しているため、経済単位としてはおそらく家族経営の工房であったと考えられる。河道内堆積で出土する遺物が比較的豊富で、主に東部台地に近い地点から出土していることから、河道の東岸には多くの人が居住しており、当時手工業に従事する家族が多かったと判断できる（図4-29）。これとは対照的に、宮城区の李家山台地の人口は比較的少なかったと見られている。

（三）　外郭城

　外郭は自律的機能を持ついくつかの区域によって構成されている。古城北部には、扁担山と和尚地が組を成して東西に伸びる高地を形成し、それがさらに前山へと繋がっている。古城東南部の外側には、美人地、里山・鄭村、卞家山のそれぞれからなる北、東、南の三面の城壁が構成されている。それらが長方形構造を形成しながら、さらに古城の東壁と南壁と連結している。衛星画像からみると、古城の西南隅にも規模が比較的小さいながら、鳳山を囲む枠状の構造がある。また、城壁の東北隅にある雉山の外側にもこれと類似構造をもつ存在が示唆されている。全体的みれば、これらの区域は内城の外周に位置しているが、内城城壁のように一つの完全な囲いを形成しているのではなく、各区域の独立性が強調されていると考えられる。

　発掘調査を通じて、現在の美人地と里山台地は良渚文化後期の長く続く形状の住居址であり、多次にわたる拡張と積み増しで形成されたものであることが確認された。

　美人地は地勢が低く平らな湿地の環境であった。先住民たちは青灰色淤泥土を用いて高地を造営し、その上には密度の高い黄土を敷いて居住面をつくり、さらにその上に住居を建てた。現在でもその溝、柱穴などの遺構が残されている。下層の青灰色淤泥土は微高地外側の平地で採取したため、これによって人工河道が形成された。美人地台地上では、東西方向に並列する二列の建築遺構が発見されており、その二列の間には幅約2mの溝がある。この溝底に堆積する灰土は、両側の建築物の使用に伴って形成された廃棄物堆積であると推測される。美人地土台は元々比較的狭かったが、その後南に10m余り拡大した。南列住居の南壁はこの拡張部分の斜面上に位置している。この拡張部分は、柔らかい淤泥層の上に土を積み

図 4-30　数値標高モデルが示す良渚古城外郭構造

上げることで構築されたもので、沈下防止のため溝が掘られている。また、その底部には枕木が縦横に整然と敷かれており、さらに縦方向の枕木の上に木板が立てられて、これが南壁構築の支持構造となっていた。これらの木板は幅約 20〜30cm、厚さ約 8〜13cm、残存高は 170cm 余りである。木板下部には縦方向の枕木があり、またその下には一定の間隔で横方向の枕木が敷かれている。枕木は、縦方向のもの、横方向のもの、いずれも方形の枕木である。木板の表面は平らに整形加工されており、一部には石斧による加工の痕跡も残っている。縦立する木板の上部と底部にある方形横枕木では、木材の運送に関わるとみられる四か所の牛鼻形の孔が発見されている（図 4-31、図 4-32）。河道及び北列の微高地の北側の廃棄堆積層からは、大量の土器、木器、石器、玉器等の人間生活に関連する遺物が出土した。その中には精美な刻紋黒皮陶、彩陶、漆器なども含まれている。これらの堆積物は、城壁の両側に見られる堆積物と類似しており、一般的な生活廃棄物の堆積と考えられる。

卞家山遺跡は東西に長い微高地遺跡で、東側は 2000 年から 2005 年にかけて発掘が行われ、そこからは良渚文化中期の墓地が発見された。居住址に関する詳細情報は未だ解明されていないが、その南部にある良渚文化後期の河道と木造の埠頭の遺構の保存状態は比較的良好である。

卞家山微高地は良渚文化中期において溝を掘り上げた土をその脇に積むことで形成された可能性がある。最初に溝川が掘り出されたのは南側の地点で、方向は微高地に平行し、西端の曲がり部は南部の水域と繋がっている。良渚文化後期になると、河道の南縁沿いに泥を草で包んだ 20cm 四方の土嚢を縦横交互に積み上げることによって土台が堆積された。西部には溝川と南部の水域への通路が残って

三 一級集落の構造と分析

図 4-31（上） 美人地遺跡から出土した木板列
図 4-32（下） 木板杭の細部

第四章　集落の等級と社会

図 4-33　卞家山遺跡の木杭遺構と土台、水域の位置

いるため、土台の北、西、南の三面で水に接し、半島状を呈している。土台上では、住居址、灰坑が発見された。住居址は方形を呈し、ほぼ封鎖的な空間を示す基槽が残っており、仕切りとかまど跡があり、面積は約16m^{2}である。住居址の西側には、「8」字形の灰坑があり、その灰坑は草木灰や炭屑の混じる粗砂で埋められており、住居の付帯施設と推定される。土台の南は水辺に面し、曲尺形に分布する木杭140本余りが発見されている。木杭の多くは河岸に沿って

東西方向に分布しており、概ね3列で部分的には整然と配列されているが、西端の地点では木杭が密集しており、南部の水域に向かって配列されており、幅は約1m、長さは10mに達している。この木杭列の両側には人工的に配されたアシの茎があり、その配列は緊密である。木杭の直径は一般に5cmから15cmで、最も太いのは21cmを超える。木板、木杭、細木材の残存部分から、通行のために木杭の上には木板や細木材の横木が敷かれていたと推測される。そして、河岸沿いの木杭はおそらく住居建築と同時期の水辺の埠頭遺構であり、西側の外に向かって伸びる木杭は、その配置の特徴とその近くから出土した櫂からみると、長い埠頭に付随する桟橋であった可能性が極めて高い（図4-33）。桟橋の両側にはそれぞれ一列の密に列をなす竹の垣根があり、桟橋の防護柵であったと推定される。

　土台の北側の溝川が東西に伸びており、両端が発掘区域外にあるため、その全長は不明である。川幅は約13m、深さは1.6mで、河道内には5層の堆積があり、青灰色淤泥土が主である。淤泥層の南側で東西方向に配列された木杭7本が発見され、その下には一列のむしろ状の竹編物が確認されており、その竹編物は溝川の利用過程におけるある時期に形成された南岸の護岸施設であったと推定される。溝川が南部の水域と繋がっているため、水上交通と北部高地地域の排水水路として機能していたとされる。

　溝川内及び南側の水辺の淤泥層から、無数の土器片、大量の石器、木器、骨器、漆器、竹製品などの遺物が出土し、そのほかに、イノシシ、シカ、ウシなどの動物骨も見つかった。また、貴重な建築研究の資料ともなりうる隅角部を有する木骨土壁の残存部分及び土質の家屋模型の屋根部分が発見された。一部の黒皮陶には精細な文様や図像記号が刻まれており、盤や瓠などの漆器は精美に作られている。

第四章　集落の等級と社会

　前述の島状土台上では、わずかに 1 か所の住居址が発見され、その面積は 16㎡ で、内部には仕切りとかまど、外側には灰坑が配置されており、標準的な核家族または拡大家族と対応するものと考えられる。一方、その南側の埠頭と桟橋は規模が比較的大きく、その下の淤泥層には大量の各種廃棄物が含まれているため、比較的大規模な人口に対応していたと推測される。このことから、その埠頭と桟橋は上述の家族の私有財産ではなく、集落全体の公共施設であったと推定される。さらにいえば、このような特殊な地点に水域まで伸びる土台を営造した主な目的は、住居を建造するためではなく、桟橋と埠頭施設を水深のより深い地点にまで伸ばすためであったと考えられる。これによって、干ばつの季節でも清潔且つ豊富な水源が確保でき、居住者の洗濯や取水に便利さをもたらし、また、低水位時であっても船が容易に接岸できるようになった。以上の分析から、この土台はおそらく集落の協同作業によって建造されており、土台上に居住する家族はこの水辺施設の維持管理または船舶関連（例えば、漁撈）を生業としていたのではないかと思われる。主たる居住区は帯状の微高地本体に位置していると思われるが、発掘面積が限られていることから、いまだ発見されていない。
　2017 年から 2018 年にかけて、世界遺産登録の申請に合わせて、卞家山発掘区西側の微高地に対して移転・改造を行い、今中聯園区 2 号楼において現場同行（訳者註：専門家と関連部門と連携すること）で整理が行われた。これまでに、残存する建築基礎部とその周囲に分布する墓地が発見され、その配置は仙壇廟遺跡の長方形土台における各核心家族の住居と墓地の配置と類似していた。また、美人地遺跡の台地上での発掘面積は限られているが、同様の居住形態が採用されていたと推測できる。

総じて、外郭の枠状微高地自体も居住址と墓地のために堆築されたもので、枠状微高地に囲まれた部分には居住址がなく、低く平らな湿地である。この微高地上の居住者の居住形態は内城の高く積み上げられたブロック状の居住区と異なり、堰堤上居住方式であった。ボーリング調査とその分析を通じて、微高地に囲まれた湿地で水田などの耕作地は見つからなかったことから、太湖平原の歴史で特徴的な圩田の形態とは異なっていることが明らかになった。この特殊な集落が作られた目的は、おそらく同じ規模の人口の下で建築物によって防御できる範囲を拡大させるためだけにあった。また、これらの枠状構造はさらにいくつかの独立した小さな区域に分けられていることから、その上の居住者が異なる宗族組織に属することに起因していると推測される。

（四）良渚古城の社会組織に関する推測

　現在、われわれは良渚古城の宮城、内城、外郭という三層構造が形成する、内から外へと次第に低くなる階層構造を観察できる。しかし、これは良渚古城の形態や結果に過ぎず、その形成を促した要因そのものではない。良渚古城の社会組織を深く解析することなしには、この魅力的な5000年前の謎を解き明かす鍵を見つけ出すことはできないであろう。

　一般的な解釈では等級の高い遺跡は注目されすぎる傾向があり、それによって、莫角山は身分が最も高い貴族が生活する宮殿であり、反山は彼らの専用陵墓であり、祭天と天象観測を行う際には彼らは瑶山、匯観山の祭壇を利用し、また彼らは塘山と中初鳴などの玉器工房を直接管理していたと思われがちである。しかし、このような私たちが想像する後代の皇帝制のような支配体制は、実際には良渚

文化期の真の社会編成とは大きく異なる可能性がある。

　宮城内には莫角山という規模が最も大きい宮殿区があり、さらに宮殿区の西側の帯状微高地には反山という最高ランクの墓地があることから、ここには王の生から死へ至るまでの完璧な空間構造が形成されているように見えるが、実際には姜家山墓地の発掘でこの「完璧」なイメージに疑問が投げかけられるようになった。位置関係からみると、姜家山は北側の反山よりも莫角山に近く、どちらも同じ自然の山体を利用してそれぞれ東西両側に建造されており、人工的な溝がこの両者の境界線となっている。姜家山墓地の年代が反山の下層の墓と一致しているため、反山と莫角山とが同時代に存在していたことがわかる。その等級は全体として高くはなく、反山の中では最も低い等級に相当し、基礎集落と比べてもやや高い程度である。また、反山においてもその南側の池塘で小型墓が発見されたことから、莫角山の使用期間中、この帯状微高地には反山のような最高ランクの墓地のほかに、桑樹頭、姜家山など中級及び一般の墓地も存在していたことがわかる。この微高地は城壁内にあるのは無論のこと、4本の主幹水路に囲まれた宮城内に位置しており、明らかに中核部に属している。以上のことから、この最高レベルの建築空間では複数の階層の人々が混在して生活を営んでいたと見て取れるが、こうした状況には非常に困惑させられる。しかし、宮城を前述した二級集落の玉架山遺跡の環濠Ⅰに対比させて考えると、問題が明快になる。この4本の主幹水路は環濠Ⅰの四面の環濠に相当し、宮城は環濠集落Ⅰの超豪華版に相当すると考えると、宮城に生活していた人々は同じ大宗族に属していたと推測される。南北に伸びる微高地は環濠Ⅰの中部に配列された東西に伸びる砂土建築及びその墓地に相当するものと考えられ、その配列は砂土遺構Ⅰを反時計回

三　一級集落の構造と分析

りに 90 度回転させたものに相当する。このことから、この南北に伸びる微高地は宮城内に居住していた宗族の中でも核心的家族の居住址と墓地であったと推定される。
　改めて玉架山遺跡の砂土遺構とその北側の墓地の状況を振り返ると、この家族の中で臨平遺跡群全域の政治的または宗教的役割を担う貴族は砂土台全体の北側の東部に順次埋葬されており、一方、重要な公職を担っていない家族内の他の成員は二つの核家族に属し、同じ砂土台の西側にグループに分かれて埋葬されている。また、この二つの核家族に対応する居住址は南部の砂土台にある。したがって、姜家山とその東側の居住土台、南部の桑樹頭とその付属土台、及び反山南部の池塘の北側の、小型墓に対応するまだ発掘されていない微高地の居住址は、この王の家族の中で政治的または宗教的役割を担っていない一般成員によって構成された核家族または拡大家庭の居住址と家族墓地であると見なすことができる。同様に、宮城内の皇墳山西南側の台地、北側の毛竹山などの台地も、玉架山遺跡の環濠Ⅰの第一列と第三列の墓列に代表される家族に相当する可能性がある。これらの家族は西側の微高地の家族と血縁関係にあったが、もともとは権力などを継承する主系統の家族に属していなかったと推測できる。主系統の継承に変化が生じた場合、例えば後継者がいなかった場合など、これらの傍系が補助としての役割を果たし、その結果、これらの家族から国王または大巫覡などが現れ、これらの人物が亡くなった後、それぞれの家族墓地の特別埋葬区に埋葬されたと推定される。つまり、これが玉亀などの出土した皇墳山の墓地や、余杭博物館に寄贈された鳳山高等級玉器の出土墓地が分散して分布している原因である。
　宮城の外側では、内城内のほかの人工台地、及び居住機能を持つ

城壁自体が内城の大小さまざまな河道によっていくつかの区域に分けられている。これらの河道に囲まれた区域を、玉架山集落の中で環濠Ⅰを取り巻くように分布していた環濠Ⅱ、Ⅲ、Ⅳ、Ⅴ、Ⅵと重ねて検討するのは難しくないだろう。両者の違いとして以下の点があげられる。玉架山においては、外周の環濠集落は中心の環濠Ⅰと数十から数百mの距離を保ち、ある種の従属関係を持ちながらも比較的強い独立性を示している。一方、良渚古城宮城という大規模環濠集落の外周にある環濠集落は独立性が低く、中心集落とは河道一条によってのみ隔てられており、空間的距離はほぼない。鐘家港河道の発掘調査の結果からは、これらの台地上には主に玉・石器、骨器、木・漆器を製作する工房が分布していたと推測される。また、道具と未完成品が各種の生活ゴミと混在して堆積していることから、上述の台地は家内制手工業の従事者の居住地であったと推測される。

　現時点で内城の台地に対する発掘調査が行われておらず、城壁の頂面の遺構は著しく破壊されているため、その内部の性質と構造についての理解はいまだ不十分な状況に置かれており、これらの台地が玉架山遺跡の環濠集落と同じく居住と墓地の両方の機能を持つ基本構造であったかどうかは不明である。しかし、宮城と外郭の分析から、その間に位置する内城の各区域も同様の機能を持っていたと推測される。また、日本人研究者が鐘家港河道内の人骨に対してストロンチウム同位体分析を行い、食性を調べた結果、いくつかの個体はアワを主食としており、この地域のコメを主食とする人々とは異なる集団に属していたことが明らかになっている。これまでの分析では、これらの個体は遠い北方地域から何らかの形で古城に移入し、その後は、居住者として殺されたか、捕虜として殺されたかのいずれかであると推測されてきた。これは当時ヒトの移動のスケー

ルの大きさを示している。また、近年、浙江省文物考古研究所によって植物考古学の分野で数多くの研究が行われたところ、浙江南部の山間部の良渚文化遺跡でアワが発見された。この発見から、古城周辺から数百km離れた山間部のイネの栽培に適さない地域では食用アワを栽培していた人々が暮らしていた可能性があり、そのような人々が古城の外来人口であった可能性が高まった。もちろん、これらの人々と宮城内の居住者との間に直接の血縁関係があった可能性は低いだろう。

　内城の外側に位置する外郭の最も顕著な特徴は、それぞれが独立した枠状微高地で住居と墓地を配した集落形態を呈し、中央の低地は水田として開発されてはおらず、天然の窪まった湿地のままであったことである。この地域の居住者が長束形微高地での居住形態を採用した理由として、同じ規模の人口の下では防御できる範囲が最も広いのは枠状微高地であることが挙げられる。各枠状微高地は互いに独立していることから、異なる宗族に属していたと説明できる。また、これらの宗族は内城の居住者と比べると、王族との関係性はさらに遠く、階級もさらに低いとみられる。

　改めて宮城の外側の集落を振り返る。前述した姚家墩遺跡は典型的且つ代表的な存在であると考えられる。分析を行う前に、現在最も重要な河道である東苕溪を考慮から外す必要がある。これまでの研究では、東苕溪は漢唐以降に人工的に河道を変え形成された主幹水路であり、良渚文化期には大雄山の南側を通っており、古城とは関連性がなかったとされているためである。この東苕溪を平面図から除くと、7基の土台からなるとされる姚家墩遺跡集落は現在の東苕溪南側にあるより多くの土台をも含む可能性がみえてくる。前述の通り、これらの土台は姚家墩を中心として密集分布しており、集

第四章　集落の等級と社会

落全体の構造は玉架山遺跡と一致している。両者の違いは、玉架山遺跡は環濠によって境界を示しているのに対し、姚家墩遺跡では土台によって現している点だけである。地勢が平坦な玉架山遺跡の自然地形環境とは異なり、これらの土台は北側の大遮山と南側の大雄山の間に位置しているため、洪水の猛威がより著しい。これらの土台では規模の大きな発掘調査は行われていないものの、葛家村で良渚文化期の墓地、芦村で良渚文化期の土台と墓葬、姚家墩で良渚文化期の紅焼土の建築遺構が発見されたことから、姚家墩遺跡における単体の各集落は玉架山遺跡と基本構造が一致し、組織形態と運営方式も類似することが暗示される。この密集した集落からなる集落群の規模と配置は玉架山遺跡とほぼ同じであるが、等級と規制は全体的に良渚古城内に比べて低く、「宮隅之制、以為諸侯之城制（訳註：王宮の宮隅、城隅の隅高の制を諸侯の城高の制として用いる）」と記された戦国時代の『周礼・考工記・匠人営国』を連想させる。

　反山墓地は現在、西側の半分のみが発掘され、良渚文化期の墓9基が見つかっている。良渚文化後期には墓地全体が土で覆われ、その上に新たな貴族墓地が営造されるようになったため、下層の墓の大部分は後期の墓地によって破壊され、残墓は2基のみで、詳細は不明である。このことは、良渚文化後期以前に居住形態が変化した可能性を示唆する。また、この墓地の被葬者は初期の家族の子孫であるとは限らないと推測される。放射性炭素年代測定によって得られたデータの分布状況からみると、良渚古城の早期と晩期との間には空白期間が見られる。また、城内外の河道から大量の人骨が散乱した状態で出土し、その中には斬り殺されたと見られる砕かれたものや、二部分に分かれた頸椎を持つ頭蓋がある。城内の河道内から出土したこのような遺物は、古城で重大な暴力事件があったことを

示唆していると考えられる。この変化の前後で古城全体の人口構成や配置に変化があった可能性が考えられる。

　エリアの機能の面からは、良渚古城の宮城と玉架山遺跡の環濠Ⅰとの最も大きな違いとして次の点があげられる。良渚古城には莫角山と皇墳山のような超大型の公共儀礼性建築が存在した。これに対して、環濠Ⅰではその内の貴族墓地南側の土台はすでに破壊されているとはいえ、もし仮に公共施設が存在していたとしても、最大でも西側の居住地と同じ程度の小規模なものに過ぎないか、宗族集落内に公共儀礼建築自体がそもそも存在しなかったと推測される。等級の違いから良渚古城は実際には国家レベルの中心都邑であったことがわかる。それゆえ、その公共儀礼建築の規模も巨大だったのである。

（五）巨視的な考察による良渚古城の立地選定について

　太湖流域における良渚文化全体の分布状況からみると、良渚古城は太湖流域の地理的中心地ではなく、明らかに南隅寄りに位置し、浙江西部山地と浙江北部平原の境目に立地する。古城は西側を天目山に、また南・北を天目山の支脈に囲まれるが、東側には開放的な地形を呈している。つまり、東西長約42km、南北幅約20km、総面積約800km²の、三方を天目山脈に囲まれたＣ字型盆地である。また、杭州東北部の半山、超山、臨平山などの丘陵がこのＣ字型盆地の開口部に位置していることにより、この地域は比較的独立した平原となっている（図4-34）。良渚古城が広い地理的範囲からここを立地場所として選んだ理由は、資源と環境に密接な関連があると推測される（図4-35）。

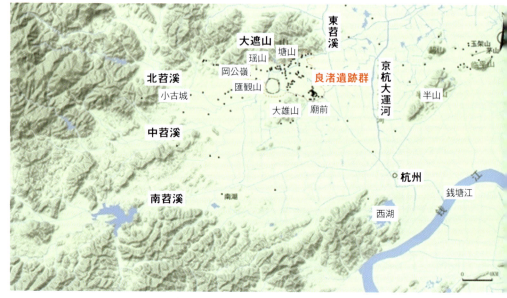

図 4-34　Ｃ字形盆地及びそのエリア内の良渚文化遺跡の分布

1. 食物

　「民は食を以て天と為す」と言われるが、良渚人の食生活は飯稲羹魚（コメをごはんとし、魚をおかずとする）と総括できる。コメが主食であったため、良渚人は稲作に適した地を求め、太湖平原の中心部への移動と移住を繰り返していたと考えられる。その内在的論理や壮大な規模については、先に述べたとおりである。良渚古城の東部はＣ字形盆地の中央に広がる広大な平原であり、太湖の緊密な水路網を通じて杭嘉湖平原及び江蘇南部平原と一体となっている。古来、「蘇湖熟すれば天下足る」と言われる。考古学発掘調査の結果によると、良渚古城近郊の湖州地域は犂耕という先進技術が崧沢文化末期に始まっており、また最初に普及した地域でもある。この地域の

図 4-35　良渚古城の立地に有利な要素

　平原には良渚文化期の遺跡が密に分布しており、大部分は生産活動に従事する基礎集落である。古城東部の臨平、茅山では面積 82 畝（1 畝約 666.7m²）の大規模な水田と複雑な灌漑用水路が発見された。また、良渚古城の池中寺遺跡で 20 万 kg の籾の遺存体が発見されたことからも周辺地域の稲作生産量が豊富であったことが十分に窺い

知れる。さらに、良渚古城より東、廟前遺跡より西の中間地帯、及び西側の水利システムのローダムの下に当たる南山などの地域においても水田であった可能性の高い遺跡が発見された。これらの発見により、良渚文化期の稲作農耕には広大な範囲が用いられていたことが明らかになった。

植物性食物から得られるデンプンだけでなく、動物性タンパク質も人間にとって不可欠なものである。動物考古学的研究により明らかになったのは、良渚人の動物性食物には家畜のブタのほかに、シカ類やさまざまな淡水魚などの淡水産資源が含まれていた一方で、海水魚がほとんど確認されなかったことである。この地域の東部はクリーク網に覆われた平野地帯が広がっており、良渚人が狩猟と漁撈を行うための豊富な資源を提供していたと想定される。

2. 玉材

今日では「玉」といえば、一般に微細な繊維状の結晶が絡み合う透閃石と陽起石系の閃石玉、すなわち軟玉を指す。しかし、良渚期には軟玉は一般的な材料ではなく、神聖視されていた。良渚文化圏は「神王の国」と称され、統一された信仰と明確な儀礼を備えた複雑な社会であったが、玉器はその中で重要な社会的機能を果たしていたため、良渚人が最も重視する戦略的資源となっていた。

良渚人にとって、玉は人と神との対話を可能にする媒体あった。「夫れ玉も亦神物なり」とされ、人々は透閃石と陽起石類の鉱物を、他の一般的な美石と区別してそれらに自然の属性を超えた観念を付与し、その観念の表徴とした。つまり、良渚人にとっての玉は単なる装飾品ではなく、神の文様を刻むことで天と地をつなぐ媒体、法器とし、また、社会的地位や階級の高低を分ける基準としても利用していた。総じて、玉器は良渚社会において、信仰の統一、ヒトの

集団化、階級区分に用いられていたため、良渚文化の階級社会においては中心的な媒体と資源となった。類似例として中国古代社会で最も重要な資源の一つである青銅を挙げたい。青銅は、それが登場した当初である商周時代には兵器や工具の鋳造にではなく、礼器製造に用いられたという。良渚期の玉にもそれと同様の意義があったと想定される。
　このように自然の鉱物に特別な人文的概念が付与されたのには、崧沢文化期、良渚文化期の人類に起きた観念上の劇的な変革が密接に関連している。
　玉は「石の美なるもの」とされるように、東アジアでは一万年前から装飾品として加工され、身を飾り、信仰を寄せるのに用いられてきた。鉱物学的観点からみると、崧沢文化後期以前には、玉の概念は比較的広く捉えられており、「玉」とされる鉱石は玉髄とメノウ（瑪瑙）類のものが主で、葉ろう石や透閃石も含まれていた。この時期の透閃石は「玉」と呼ばれる美石の一つに過ぎず、その製品は数量の面でも器形の面でも特別な地位を占めるには至っていなかった。崧沢文化後期になると、前述のようにこの地域への大規模な人口移動が起こり、それに伴い、透閃石の玉には特定の観念が付与されるようになった。この材料で作られた玉器は信仰や儀礼を象徴するものとなり、同時に特殊な加工技術と玉器の組み合わせの規則も生まれた。このことにより、透閃石玉は他の美石と区別され、特別視されるようになった。
　統計によると、美石玉時代の玉器は玦、璜、管といった小型器物が主であった。その加工技術は石器加工技術に由来し、多くは原石に合わせて敲打でおおよその形状に整えてから、管錐（中空の工具）で穿孔、棒状の錐（中実の工具）で穿孔、また、糸切り、擦り切りな

どを加え、細部を加工していく。具体的には、骨管、竹管あるいは糸、木片、石鋸などに濡らした研磨材をつけて玉材を擦って加工する。研磨材のモース氏硬度は7で、玉材より少し硬い鉱物であるため、「他山の石以て玉を攻むべし」とされるように、玉を加工することができた。効率性の観点からは、打ち割っておおよその成形を行う方法は、効率はよいが材料損失が大きく、敲打で残された破片は二次利用が不可能である。一方、管状の錐での穿孔、糸切り、擦り切りなどの技術を用いた場合は、形状の加工を精密に制御でき、余った材料も形状が整っていて二次利用が可能である。しかし、後者では労働生産性が極めて低いため、当時は敲打で実現できない切り欠き加工、鉞の穿孔などにのみ用いられていた。崧沢文化後期から良渚文化期にかけての透閃石玉の加工では、直接擦り切り・糸切り技法を用いて柱状に定形化したのが知られる。擦り切り・糸切り技法は本質的には玉材を最大限有効利用するために打製技法を遥かに超えた大きな労働量を惜しまずに投下する技法である。良渚の大型玉器の多くが不規則な形状のままであるのは、玉材自体を器物の外形以上に重視する価値観の表れであると考えられる。

　良渚の玉器は世界的に有名であり、その主要器種には琮、璧、鉞などがある。良渚文化圏の全域で玉器の種類と文様のモチーフなどが高度に統一されていることから、玉琮などの高級礼器が統一的に分配できる生産・供給ネットワークが存在していた可能性がある。玉器の加工方法は石器とは明らかに異なり、材料を最大限有効利用するために社会全体で膨大な労働力を投入していたと想定される。同様に、良渚人は玉材を惜しみ玉材の表面積を最大限利用するために、外観上の小さなキズには手を加えずに済ませることもあった。こうしたことからわかるように、良渚人にとって玉は通常の重

要度を超える存在であった。従って、玉鉱は必然的に良渚社会の貴族たちの関心を最も集める資源となり、その採掘と利用は独占されていたと推測される。

　良渚古城の鐘家港、塘山、呉家埠、徳清楊墩、木魚橋、中初鳴遺跡など複数の遺跡で良渚玉器の加工に関係する遺跡が発見されている。これらの発見は、この地域には良渚文化期に玉器工房が広く分布しており、玉器加工の重要な地域であったことを示している。

　現時点では確実な良渚玉鉱はいまだ発見されていない。しかしながら、『山海経』において、天目山は浮玉の山、つまり、太湖（『山海経』に記載された「具区」）の上に浮かぶ玉の山と称されている。近年、浙江省地質調査院と共同で行った調査では、浙江省全域のうちで良渚遺跡の西の山地のみが玉鉱の生成条件を有することがわかった。地質学的研究によれば、玉鉱とは大きな花崗岩体の周囲にある炭素物質を含む石灰岩などの岩石が熱水変質作用を受けて形成される鉱物であるとされている。浙江省全域においてこのような地質的条件を備えるのは天目山系の特定の地域のみである。幸運なことに初歩的な調査で重要な糸口が見つかっており、軟玉の基準にほぼ合致する透閃石玉の標本が採集され、良渚玉鉱発見の可能性が見えた。上海や嘉興などの平野地帯は丘陵がほとんどなく、稲作を営むには十分な土地となったが、玉鉱資源はない。中村慎一によれば、上海と江蘇地域で発見された琮の一部は良渚古城から伝わった可能性があるという。以上の分析から、良渚遺跡群における玉鉱資源の優位性は、良渚文化の発展レベルが全体的に比較的高かったこと、また、良渚古城が地域の中心となったこと、の双方の重要な理由の一つであると考えられる。

3. 石材

　金属器が現れるまで、石器は人類にとって最も重要な道具であった。我々は最近、C字型盆地から出土・採集された石器で、余杭博物館、良渚博物院、及び浙江省文物考古研究所に収蔵されているほぼすべての良渚文化期の石器約2500点について、全面的に岩相判定を行った。このほか、さらに、現在周辺地域から採取される石材についても岩相判定を行った。分析の結果、異なる器種の石器はそれぞれ異なる石材で製作されていることがわかった。そのうち、片刃石斧、石鑿といった木材加工の主要な道具に用いられた石材は、主に縞状珪質岩である。この種の石材は、浙江省内では、良渚遺跡群南西側の南苕溪と分水江流域にのみ分布している可能性が高い。また、分水江の下流には桐廬方家洲石器加工場跡があり、ここの河原には馬家浜、崧沢文化期における石材採取と初期加工の拠点もあったことが確認されている。さらに、8000年前の跨湖橋遺跡や、7000年前の河姆渡遺跡でもこの種の石材を使用した道具の製造が始まっていたことが明らかにされており、その石材はこの地域から採取されたことも推測できる。以上のことから、この区域はかなり長期にわたって利用された採石場であったと考えられる。良渚古城内の鐘家港両岸と毛竹山、外郭の文家山、古城郊外の百畝山、石馬兜などで石器の未完成品、穴あけ作業時の石鉞石芯、砥石などの工具は出土しているが、それらの現場で石片の堆積は発見されていない。一方、方家洲遺跡では大量の打撃時による石片の堆積が見つかっている。また、方家洲遺跡近くの川の源流域の山体調査と実験によって、当時の人々は源流域から石材を採掘したのではなく、中流・下流域の河原で川石を採取していたことが確認された。我々の実験では、山から採取した石材を打撃法で加工する際、およそ90％が不規則に

割れて、形状が崩れてしまうことがわかっている。一方で、河原の丸石は、岩石が水流で長距離を運ばれてくる間に弱くもろい部分が削り取られるため、残された緻密で頑丈な部分である。また、ほとんどの石器は実用的な道具として、継続的に力を加えられても耐えうるような耐久性が非常に重要である。そこで、当時の人々はこうした自然のはたらきによって最も適した石材を入手できる、丸石が豊富な河原を石材採取と初期加工に最適な場所として定めたのだ。

　良渚期には水運が最も経済的な輸送手段であった。清代までずっと、安徽省績渓県から杭州まで、分水江の水路を利用すれば約4日間のところ、山道を歩けば半月も必要だった。つまり、経済性からみて、当時、水路が石材輸送の主要路であったことは間違いないだろう。また、花斑石鉞などの一部の石器が礼器として利用されていたことから、色や模様などの外観的特徴もその物の価値判断の重要な基準であった可能性がある。そのため、特定の岩石とその出所も同様に考慮されていた可能性がある。良渚文化墓では、男性墓の典型的な副葬品には使用痕がないことから、明器（墓専用の副葬品）の範疇に属すとされる。そのうちで、貴族墓でよくみられる厚身の大きな孔をもつ舌形花石鉞は、泡様の溶岩などで作られており、これらの石材は良渚古城西側の余杭仇山と富陽一帯からきている可能性が高い。また、一般庶民の墓でよく見られる刃部を付けた薄身の小孔石鉞はほとんどが珪質泥岩で作られており、これらの石材もまた良渚古城西側の山地に産地があったと考えられる。

4. 木材

　西洋では、主な建材として石が使われてきたが、中国では土木が一般的だった。良渚人も生活と生産の中で驚くほど大量に木材を使用していたことが考古学的発見から確認されている。

第四章　集落の等級と社会

　良渚文化墓では、貴族であれ一般庶民であれ、巨大な一本木の木棺を使用しており、また、貴族墓からには木槨もあった。良渚人の日常生活を支えた河岸、桟橋、井戸、貯蔵穴、住居などの施設にも大量の木材が用いられていた。例えば、井戸には木製の井戸枠を設置するのが一般的で、その井戸枠と井戸土坑の間には湧水の濾過のために砂利や土器片が入れられた。また、嘉善新港遺跡では巨大な一本木を割り抜いて作った井戸枠が発見され、建徳廟前村では大型の角材を接合・積み上げた組み立て式の井戸枠が発見された。

　また、良渚文化遺跡の河岸には、護岸材として木杭が使用された。良渚古城の鐘家港遺跡南段の西岸では木杭の上端にほぞ穴付きの固定用上部はりが設置されている事例もある。美人地遺跡では、底に敷かれた方形枕木の上に板材が立てられ、板材の上端にもおそらく固定用上部はりなどの構造があったとされている。そして、ボーリング調査によりこの構造物が数百mにも及ぶ可能性があることが確認された。このほか、卞家山遺跡で発見された桟橋も木製であり、良渚期の船、工具、武器も主に木製である。

　その他、良渚文化期の宮殿と住居はみな木組み、草屋根、木枠土壁で構成されていた。一般住居のうち、廟前遺跡で発見された中型住居では、二つの円を描くように配された柱穴があり、ここには26本の柱があり、それぞれは直径17～27cmで、底には礎板があった。宮殿区の建築物のうち、烏亀山の麓部に位置する建物跡では、列をなす柱穴が32個、うち最大の柱穴の直径は60cmであった。また、大莫角山土台の基底部では大型の角材を縦横複数に接合して形成した格子状構造が発見された。その構造は土台の基底部に埋め込まれていることから、沈下を防ぐための地中梁であったと思われる。莫角山の山頂では既に約35箇所の住居基礎部跡が見つかって

おり、大きいものは面積700m²にも達することから、数多くの建物が存在していたと想像できる。莫角山遺跡東斜面の鐘家港河道内では多数の巨大な木材が発見され、中には既に角材に加工されたものや、丸材のままのものも1本あった。鑑定によると、木材の樹種は麻櫟（クヌギ）や薹木（フウ属、常緑高木の一種）である。麻櫟は高さが30m、胸高直径が1mに達し、通常海抜60m以上の山の陽斜面に育つ。現在、瑶山北側の斜面に多く分布している。薹木は通常海抜500m以上の高山に育つ。古城近郊でこの条件に合うのは西側の山地のみである。また、良渚文化期に建材として利用されていた他の大型木材のの一つである粗樫（アラカシ）も海抜60m以上の山の斜面か谷間に育つ。こうしたことから、大型宮殿の建材はそのほとんどが山地から伐り出されていたと考えられる。鐘家港、美人地、下家山遺跡で出土した多くの木材には牛鼻形の孔が穿たれていて、穿孔箇所には縄の残存も確認されたことから、これらの木材は水上輸送によって運ばれたと考えられる。

5. 安全

　良渚文化期、周辺地域の中では北方の海岱文化圏が比較的強い勢力を持っていた。地理的に見れば、良渚古城は良渚文化圏南縁部に位置し、その西部と南部は人口が少ない丘陵地帯であり、北部の大遮山は天然の障壁をなしていた。さらに東部は杭州湾に隣接しており、これにより良渚古城は良渚文化圏全域の中で外部の強力な文化圏から最も遠い地点に位置していた。

　巨視的に見れば良渚古城遺跡はC字形盆地の北部に位置し、南北には天目山脈支脈の大遮山と大雄山がそびえ立ち、西部には古城から約2kmの場所に匯観山、窯山、南山、栲栳山といった一連の丘陵が点在している。このように古城は自然の山体を利用した天然の要

害によって、十分な安全を確保できる場所に位置していたと言える。

6. 交通

　良渚文化期にはまだ車輪を用いた交通手段が存在せず、水運が江南地域で最も重要な輸送手段であった。良渚古城は大規模な都市であり、その都市建設、物資流通、後方支援、人の移動は主に水路に依存していた。この地域の東部には河川網が平原に密分布し、大河は太湖平原の奥地へと通じていたため、交通は便利であった。良渚古城から水路を流れのままに下りてゆき太湖に至る場合、その距離はわずか60km余りであり、太湖に入れば長江を上ることも下ることもでき、四方に通じることが可能であった。このような交通の便と地理的優位性を考慮すると、良渚古城が太湖流域の良渚古国の都城として選ばれた理由が見えてくるだろう。つまり、良渚古城は山野に隠れつつも、天下を制する戦略的な位置にあったと言える。

7. 不利な要因と対策

　事物には常に正反両面が存在する。良渚古城はこの地に営造されたことで、安全性、便利さ、資源の集積といった有利な要素を手にした一方で、巨大なリスクも抱えることになった。それは「水」である。

　平野地帯とは異なり、良渚古城は丘陵に近接し、山々から流れ下る谷川の下流に位置するため、山間部の大水の影響を受けやすい。特に、古城の西北側の天目山脈は浙江省の二大暴雨地区の一つであり、現在の年間降水量は1600～1800mmに達する。良渚文化期の気候は現代よりも湿度と気温が高かったと考えられるため、その当時の降水量は1800～2000mmと推定される。さらに、この地域は季節風気候帯に属するため、降水量の年間分布は極めて不均等である。即ち降雨が増水期に集中し、数日間の内におそらく数百mmか

ら千mm近くの雨量がもたらされたと考えられる。これは、谷川の水位を急上昇させ、巨大洪水を発生させるため、下流の平野にとって計り知れない脅威となる。その一方で、乾期は降水量が非常に少なく、頻繁に河川の断流が発生する。谷川は勾配が急で、水量の変動も激しいため、運輸に用いるには不向きである。鄭肇経氏の統計によれば、この地域の自然災害のうち、水害と旱魃の発生比率は6:4であることがわかっている。そのため、良渚古城及びその周辺の基礎集落の人々は増水期には高い洪水リスクに直面する一方、乾期には水上交通が断絶したり、稲作農業の灌漑用水が確保できなくなったりするというリスクに晒されていたと考えられる。

そのため、良渚人はこの問題への対策として、世界初の巨大水利システムを建設した（図4-36）。

8. 水利システム

水利システムは古城の北部と西部に位置していて、現時点で11基の堰堤で構成されていることが確認されている。これらは良渚古城が建設された際にともに計画、設計されたもので、城外にある有機的な構成要素の一部であると推定される（図4-36）。古城の北部にある塘山土塁の東端（図4-36の1）から最西端の蜜蜂弄ダム（11）までの距離は11kmであり、最北端の石塢ダム（10）から最南端の梧桐弄ダム（5）までの距離は5.5kmである。また、古城の中心から蜜蜂弄ダムまでの直線距離は10kmである。

これらの堰堤はその形状と立地条件の違いから、山沿いの長い土塁（ここでは山前長堤と呼ぶ）、山谷を利用したハイダム、丘陵と連結する平原のローダムの三つに分類することができる。

（1）山前長堤

山前長堤は、元は塘山または土塁遺跡とも呼ばれ、良渚古城の

第四章　集落の等級と社会

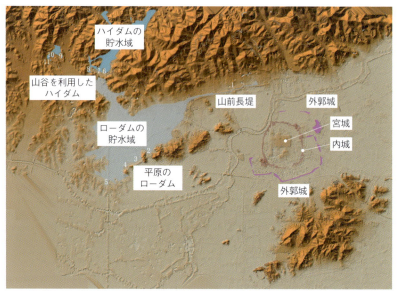

図 4-36　良渚古城と外周水利システムの全体図
1.塘山、2.獅子山、3.鯉魚山、4.官山、5.梧桐弄、6.岡公嶺、
7.老虎嶺、8.周家畈、9.秋塢、10.石塢、11.蜜蜂弄

北側 2km、大遮山の南麓からおよそ 100〜200m のところに位置し、全長約 5km で、東北から西南方向に延びている。これまでに発見された良渚の水利システムの中で単体としては最大規模をもつ。

　山前長堤は西から東に向かって三つの部分に分けることができる。土塁の西段は曲尺形の一重構造であり、中段は南北二つの土塁が平行する二重構造である。南北土塁間の間隔は 20〜30m で、同じ幅を保ちながら折れ曲がる溝状の構造となっている。北側の土塁の海抜は 15〜20m、南側の土塁の高さはそれよりも低く 12〜15m で、土塁溝底の海抜は 7〜8m である。二重土塁の東端は大遮山から南に突き出た分水嶺とつながっており、分水嶺より東が塘山東段であ

る。東段はほぼ直線の一重構造となっており、分布が集中している羅村、葛家村、姚家墩と連結している（図4-36の2）。

(2) 山谷のハイダム

ハイダムは古城西北部の相対的に高い山谷に立地し、岡公嶺、老虎嶺、周家畈、秋塢、石塢、蜜蜂弄という6基の堰堤からなる。また、これらは東段組と西段組に分けることができ、それぞれが山谷を封鎖する形で貯水域を形成している（図4-39、図4-40）。一般的に谷の入り口は狭いため、堰堤の長さは50〜200m、その多くは100mほどで、堰堤の幅は100m近くである。

(3) 平原部のローダム

ローダムはハイダムの南側約5.5kmの平原内に建設されており、獅子山・鯉魚山・官山・梧桐弄がそれである。この4基の堰堤は平原部の丘陵と連結することで貯水域を取り囲んでいる。堰堤の高さは約10m、堤長は丘陵間の距離に応じて異なるが35〜360mの範囲である。ハイダムとローダムによって形成されたダム湖はおよそ三角形を呈しており、面積は約$8.5km^2$である。このダム湖は海抜が低く、現在も遊水池として利用されている。この遊水池の東端は塘山土塁と連結しており、ローダムと塘山土塁が一体となって水利システムを構築していた（図4-40）。

GIS（地理情報システム）分析から、東西二つのハイダムの各々の東側にダムより約1m低い山谷があり、洪水吐として機能していたことが確認された。そのうち、東段堰堤は高さ30m、その洪水吐は東段ダム東側に位置する猫尾巴山と鶏籠山という二つの自然の山に挟まれた隘口部にあり、幅約10mで、ボーリング調査によって、隘口部の底部は岩盤であり、最も高い所では28.7mであることが確認されている。西段堰堤は海抜40m、その洪水吐は秋塢の東側

図 4-37 塘山と良渚古城の関係（米 CORONA 衛星画像、1969 年）1. 塘山、2. 獅子山、

3. 鯉魚山、4. 官山、5. 梧桐弄、6. 岡公嶺、7. 老虎嶺、8. 周家畈、9. 秋塢、10. 石塢、11. 蜜蜂弄

第四章　集落の等級と社会

図 4-38　岡公嶺-老虎嶺-周家畈の堰堤の現状（北より南方向を撮影）

にあり、ボーリング調査によって、この場所は自然の丘陵地であり、頂部の高さは 39m であることがわかっている。また、水利専門家の試算では、この二つの洪水吐からの放流は洪水時においてそれぞれの貯水域の貯水位を低下させ、水害を防ぐことができる。そのため、たしかに洪水調節機能を果たしていたと言えるだろう。

　計算結果では、貯水域の総水域面積は 13.29km^2 で西湖 2 つ分の面積に相当し、総貯水量は 4635 万m^3 で西湖三つ分の貯水量に相当するとされる。

9. 良渚古城内外の人口推計

　良渚遺跡群一帯は水郷平原であり、低湿地が展開している。良渚の人々は基本的に自然の高地か人工土台に居住していた。

170

三　一級集落の構造と分析

図 4-39　秋塢−石塢−蜜蜂弄堰堤の現状（北より南方向を撮影）

　前述のように、良渚古城の城壁や外郭は居住機能を有しており、水利システムの中で最も長い塘山土塁上では墓や工房が発見され、その斜面下部からは生活廃棄ゴミも発見されたことから、塘山土塁は居住機能を兼ね備えていたと考えられる。良渚古城の各エリアの中で、莫角山は宮殿区であり、そこで営まれていた貴族の居住状況は不明であるものの、この宮殿区の人口はさほど多くなかったと推定される。そのため、ここでは主に城壁、外郭、及び塘山土塁に居住していた人口を推計する。

　一般に遺跡の人口推計に用いられる方法は二つある。一つは、その遺跡にある全ての居住址と墓を検出することで統計分析を行う方法である。しかし、良渚古城の場合、各エリアの規模が非常に大

171

第四章　集落の等級と社会

図 4-40　獅子山-鯉魚山-官山堰堤の現状（北より南方向を撮影）

きいため、発掘調査は一部分しか行うことができない。また、城壁頂部で発見された建築遺構、墓地遺跡の多くは破壊されているため、住居規模、その配置、墓数などを基にして集落の人口規模を推定することは難しいと思われる。そこで、ここでは、集落の1人当たりの占有面積を基にして人口規模を概算する方法を試みる。具体的には、ほぼ完全な姿で保存されている、人口数が比較的に明確で同時

三 一級集落の構造と分析

代の集落を選び、この集落の生産地を除いた居住区、墓地区、生活ゴミ廃棄区など集落の中心部分の合計面積を人口数で除して、この集落での1人当たりの占有面積を得る。次に、人口を推計しようとする目標の集落の面積をこの算出した1人当たりの占有面積で除すことで、目標集落の人口数を得ることができる。この方法は、立地環境、経済形態、生活様式及び集落規模などの要素がおよそ一致している場合には、実情から大きく乖離することはない研究統計手法と言えるであろう。

前述で海塩仙壇廟遺跡の中期段階（崧沢文化後期の終わり頃から良渚文化前期まで）及び桐郷新地里遺跡（良渚文化中期から後期）の人口規模の初歩的統計を行った結果、生産地を除いた仙壇廟遺跡の1人当たりの面積は100～150m^{2}であることが判明した。この数値は、方輝などが山東省日照市両城地区の集落遺跡の人口を推定する際に用いた137.45m^{2}という現代村落の一人当たりの平均面積にも近い。よって、ここではこの数値により古城の人口規模を推定する。

城壁：面積の計算は、古城の四面の城壁は全長約6000m、幅は40～60mであるため中央値の50mを採用し、さらに、城壁両側の環濠に伸びる斜面部にそれぞれある10mの堆積層を加えて計算する。良渚城壁を一般的な遺跡とすれば、面積は約42万m^{2}となる。その面積を1人当たりの面積（100～150m^2/人）で除すと、城壁の居住人口数として2800～4200人が得られる。この数値は約70個分以上の仙壇廟遺跡の基礎集落の規模に相当する。

外郭：現在、外郭の部分とされている扁担山―和尚地―前山、美人地―里山、鄭村―卞家山及び西南隅の鳳山一帯を含めると総長約6500mとなる。外郭西部の上には現代都市が営まれているが、ここにも同様の構造が存在していたとすれば、外郭の総長は8000m

第四章　集落の等級と社会

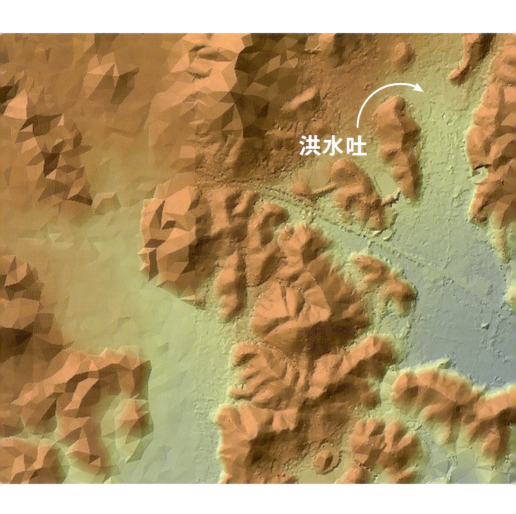

に達すると推定される。ボーリング調査によると、外郭の土台の総面積は64万m^{2}とされるため、居住人口数は4200〜6400人と推計される。

　城内の莫角山以外の独立した高地、例えば龍里、皇墳山、高北

三 一級集落の構造と分析

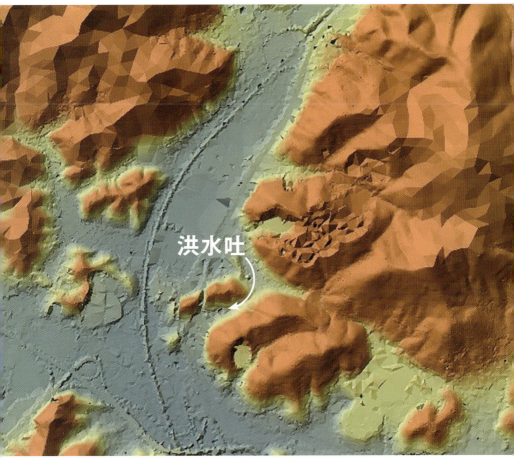

図 4-41 ハイダムの洪水吐の位置

山、朱村墳など、及び西側の反山が位置する微高地の総面積は123万 m^2 であり、居住人口数は 8200〜12300 人と推計される。

以上より、古城と外郭を合わせた人口の規模は 15200〜22900 人と見積もることができる。

第四章　集落の等級と社会

　水利システムにおいては、塘山には人の居住があったのは確かであるが、他の堰堤については状況が不明なため、ここでは考慮しないこととする。塘山だけでみると、その長さは約 6500 m、幅は城壁と同様のため 70 m で計算すると、その面積は 45 万 m^2 となり、その居住人口数は 3000～4500 人と見積もることができる。

　城外の他の集落：塘山東端は百畝山付近で山の斜面と繋がっている。その東側にある 30 か所余りの遺跡は百畝山から東側の羊尾巴山にかけて、大遮山南麓と山前地帯に沿って断続的な帯状に分布しており、両端の距離は約 4500 m となる。このほか、蘇家村、梅家里、厳家橋、後楊村など散点的に分布する遺跡、苕溪北部の甪寶湾から黄路頭にかけて南北方向に伸びた微高地と姚家墩などの土台組も存在する。これらの遺跡について、高精度な総面積を算出するには、GIS（地理情報システム）などを利用する必要があるが、現時点では、概算で総面積を 60 万 m^2 とする。さらに、これらの遺跡の全てが古城が営まれた時期に利用されていたと仮定すれば、居住人口数はおよそ 4000～6000 人と推計される。

第五章　権力と信仰

「倉廩実ちて礼節を知る」という言葉の通り、社会が複雑化した良渚社会では、移民の受け入れと低湿地開発により生存に必要な食糧の供給を確保した上で、より大きな時空に及ぶピラミッド型階層社会の営みを維持できる社会組織の効果的な管理が必要であった。実際、崧沢文化後期から始まる大規模な移住は、単純な自発的行為ではなく、一種の組織的な共同行動であった可能性が高い。このような大きな変動の中で、社会編成とその運営も大きく変化していったと考えられる。文字による史料のない先史時代の研究において、その社会編成と運営を分析するには特定の遺構や遺物によって観察、検討を行う必要がある。現時点では、考古学的証拠だけではその変化の過程を詳細に説明することは難しいが、玉器という特殊な遺物から、この期間における社会の信仰と権力構造に起こった本質的な変化を垣間見ることができる。
　良渚文化の瑶山及び反山遺跡から出土した玉器に彫られた神人獣面紋は良渚文化圏全体において最も重要なシンボルマークであり、良渚の「神徽」と称される。この文様は、良渚文化の重要な器物に使われた唯一のモチーフと言っても過言ではない。良渚文化後期の玉琮などの器物においては、この文様は極度に簡素化されているが、上海市福泉山遺跡の呉家場墓地から出土した良渚文化後期の象牙製の権杖には、神徽と完全に一致する完璧な文様が刻まれていることから、この文様は良渚文化前期から中期、そして後期に至るまで一貫して使われていたと推定される。良渚文化後期の多節玉琮に簡素化した神獣紋が刻まれているのは、おそらくその時期の玉質では玉材に複雑で精巧な文様を施すことが技術的に非常に難しかったからであろう。一方で、このような具体的な文様から抽象的な記号への転換は、この信仰が人々の心に深く染みこみ、揺るぎないものと

第五章　権力と信仰

なっていたことを示している。

　この「神徽」の構成を分析すると、主に表現されているのは、羽の冠をつけた神人が大きな二重円の目を持つ神獣に乗っているという点である。この二重円の目を持つ動物像はこの地域において非常に古い歴史を持っており、約7000年前の河姆渡文化期には、すでに冠形と二重円によって象徴された神の図像記号が存在している。おそらくこの二重円は月や太陽のような観念の自然神を象徴し、しばしば豚や鳥などとの組み合わせで現れる。このような自然神の動物化は、古代の人々が太陽と月の動きからなる自然の法則を擬人化して表現したものであろう。古代の人々は自然の猛威に直面した時の人間の無力さから、こうした自然現象を説明するために自然物を人格化する傾向があったからだ。これらの図像が具体的に何を指しているかは明確ではないものの、自然崇拝の範疇に属することには違いないだろう。凌家灘の玉亀や八角星文などに見られるように、崧沢文化期になると信仰に関連するモチーフは特定の崇拝対象の表現というよりも、日常の事物から抽象された概念に近く、崧沢人の自然の秩序に対する認識であった可能性が高い。したがって、趙輝は、崧沢文化の信仰が自然崇拝に近い原始宗教の段階にあると指摘している。

　瑶山や反山墓地の出土遺物の年代になると、その状況に本質的な変化が起きている。図5-1の構図から見ると、最も顕著な変化は獣面紋に人面紋が追加され、またその人面紋が中心的な位置に置かれたことである。これにより、良渚文化の信仰体系において、神人が日月星辰の運行を統率する存在として現れたこと、そして、上帝のような存在として捉えられ、信仰を表す記号となっていることを意味する。

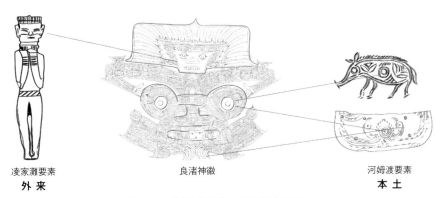

凌家灘要素　　　　　　　良渚神徽　　　　　　　河姆渡要素
外 来　　　　　　　　　　　　　　　　　　　　**本 土**
図 5-1　良渚「神徽」の要素の出所

　崧沢文化の出土遺物では人間を上に、神を下に配する文様は見られず、同時に、当時、人間は崇拝の対象となっていなかったと推測される。例えば、凌家灘で発見された両腕に多数の腕輪をつけている玉人は当時の貴族かシャーマンの姿であった可能性が高い。この玉人はまだ神格化されていないが、その冠をつけた四角い顔は注目に値する。

　良渚文化前期の張陵山遺跡からは、現存する玉器の中で最古の神面紋が発見された。そこには、獣面のみが描かれており、神人はない。獣の目は例の河姆渡文化期の二重円、即ち太陽文様で表されている。このことから、良渚文化前期の獣面はそれ以前の河姆渡文化などの太陽紋を持った動物像を玉器に再現させたものと解される。また、趙陵山遺跡から出土した、現存する最古の人間と神獣の取り合わせの玉器に刻まれた側面人像も、神獣の上には配されていない。

　瑶山や反山墓地に代表される時期に至ると、既に神人の神獣の上に配されており、地位の逆転が完結している。この時期はその構図からみると、大きな冠、二重円紋と共に描かれる獣や鳥が依然とし

第五章　権力と信仰

て残されているものの、一つ大きく異なるのは四角い顔の人面が主役となり、冠紋は神人の羽冠に変わり、二重円紋が神獣の大きな目に変わったことである。完全な組み合わせの文様では、主役両側にある鳥の体にも二重円が見られ、これも獣の目と同じく簡略化したものと見てとれる。現在、多くの考古学的な資料が、良渚文化期のエリート層は凌家灘文化地域からの移住者で、高度な玉器製作技術を持った人々あるいはその子孫の可能性が高いことを示している。即ち、両腕に多数の腕輪をつけ、頭には冠をかぶり、四角い顔をしたシャーマンに代表される集団である。この集団は太湖の北道を経て、長江沿いに太湖北部の江蘇に入り、その後太湖沿いに南に向かい良渚地域に入ってきたと推測される。つまり凌家灘文化の持っていた四角い顔という形象も、この移動の過程で二重円紋を代表とする現地の先住民の伝統信仰と融合し、その結果、良渚「神徽」という複合的な信仰記号が形成されたと思われる。

　良渚「神徽」が広範な地域で繰り返し強調され、排他的な唯一の神聖な記号となっていた。このことから、この宗教改革はすでに完了し、広範な地域で認められていたと理解できる。趙輝は、この自然崇拝から人格神崇拝の一神教への転換を「崧沢スタイル」から「良渚モデル」への変化だと指摘した[36]。

　なぜ神人という統一的な信仰記号が良渚社会の組織にとって非常に重要であったのか、この問題の答えは神人の身分設定と密接に関連していると考えられる。

　信仰記号の中に突如現れた人面紋について、趙輝は、良渚人が新しい社会の建設及び一連の輝かしい成果を収めた後、英雄的な人物を

---

(36)　趙輝:『従「崧沢風格」到「良渚模式」』、浙江省文物考古研究所、北京大学中国考古学研究中心:『権力与信仰―良渚遺跡考古特展』、文物出版社、2015年

称賛し、必ず人が天に勝つという信念の表出により出現したという見方を示している。しかし、私が思うに、良渚文化社会とは宗法的な血縁関係を紐帯とする社会であり、そのような社会での神人の出現とは、普遍的な意味での人本主義思想の形成ではなく、ある特定の宗族の祖先を神格化したか、或いは英雄の誕生にまつわる様々な奇跡や伝説を作り出すことで、それを受け継ぐ存在としての末裔に神聖性を持たせ、その支配の合理的正統性を示そうとしたのではないだろうか。抽象的であった天神が人形を持つようになったことで、現実の世界でも、人の姿をした神の言葉の代弁者が出現することになった。シャーマンや王がこれに当たる。シャーマンや王が神に似せた姿をして、神降ろしや憑依などの方法で神の言葉を告げるとき、人々はより厚い信頼を寄せただろう。

　神徽とは、伝統的な神の姿かたちを通じて、崇拝観念の体系の中では神人の地位を極度に強化し、現実の世界における統治者の支配の正当性を確固たるものにするという、神権の表象下で王権を強調するものだったと理解される。例えば、「天命玄鳥、降而生商」と伝えられている商代の始祖である契は、母親が玄鳥（神鳥）の卵を飲んで生んだとされる。周の始祖は、母親の姜嫄が「履大人迹」と伝えられるように神人の足あとを踏んで身籠り生んだとされている。その後においても、後の中国の皇帝が自らを天子と称したり、日本の天皇が天照大神の子孫としたりと、これらはすべて良渚文化の構想と同様の手法である。

　また、それ以前では、陶器、木器、牙器、骨器などさまざまな材質の器物にも信仰記号が現れていたが、良渚文化期になると玉や象牙など一般庶民には手に入りにくい材料に集中して現れるようになり、土器などはもはや信仰記号を伝える主要媒体として使われなく

第五章　権力と信仰

なった。

　中国の文献には「絶地天通」という言葉がある。この言葉は、日月山川といった自然物質が万人にとって皆同じ存在であるため、誰もが祭祀を行うことができ、人間と神とが混在する状態を指している。しかし、神人が導入され、あの祖先が神と関連づけられたことで、その血縁関係にある「天の子」が祭祀事を独占し、することになり、神権国家において主導的な地位を占めるようになった。この神徽文様が太湖流域の良渚文化全域で統一的に使用されていたということは、その代弁者はこの広大な地域における統治の正当性も有していたと考えられる。

　良渚文化社会では、宗教、軍事、統治権が密接に結びついていた。また、最高級の良渚文化墓には玉鉞、石鉞、琮、璧など大量の宗教的な儀器が副葬されるのが一般的であった。特に反山M12から出土した玉鉞には神人獣面紋が刻まれており、他の最高級の男性墓では鐏（柄の下部に付ける石突）と瑁（柄の頭部飾り）がついた豪華な権杖が発見され、その上部の鐏の両面には神徽文様が折り畳まれたように半分ずつ刻まれていた。これは「軍（王）権神授」を示していると考えられる（図5-2、図5-3）。

　中村慎一によると、各地に器形が完全に一致する玉器が出土しているのは、それが良渚遺跡群で独占的に製作され、そこのエリート層から地方に配布されたものである可能性があるからであり、中央貴族はこの手段を通じて、当時の地方豪族に一定の自治権を与え、或いは一定の自治権を認め、その代わりに地方豪族から中央集団への支持を得たという[37]。したがって、良渚の宗教は、信仰を共有

---

(37)　中村慎一：「良渚文化的遺址群」、北京大学中国考古学研究中心：『古代文明』（第2巻）、文物出版社、2003年

図 5-2（上） 反山墓地出土の玉鉞
図 5-3（下） 反山墓地出土の玉鉞
　　　　　　　の拓本

第五章　権力と信仰

することによって良渚社会全体を統治することを目的としており、いわば「政治宗教」として機能していたと解釈できる。

　これまでの分析から、「良渚文化とは何か」というテーマについて、簡潔にまとめてみる。

　5500B.P.の気候変動は、人々を採集と狩猟から作物栽培へと向かわせ、そのため、人々は谷間から太湖平原へと移動、移住した。河川網が広がる平原の低湿な環境の中で人工土台を営造して点状に密集分布する基礎集落を形成し、江南水郷生活という生活様式を作り上げた。人と自然の調和的発展が文明化の進展を加速させ、階層を分化させるとともに「都－邑－聚」というピラミッド型の集落階級モデルが形成された。基礎集落内部は血縁を基に結成された宗族組織によって管理されており、区域内は主に血縁関係に基づいて管理されていた。また、エリート層は玉器類を主たる媒介として階層社会を築き、一神教という手段を通じて各区域の間に従属関係を作り上げた。このようにして神王の国という組織モデルが形成されたのである。そして、この基盤の上に、5000年前に輝かしい文明が築き上げられたのである。

訳者あとがき

　本書は王寧遠著『何以良渚』(浙江大学出版社、2019 年) の全訳である。翻訳にあたっては出版社に提供していただいた PDF ファイルの最終版を元に、随時ソフトカバー版を参照した。

　1. 著者と著作について

　著者の王寧遠氏は、中国浙江省文物考古研究所の研究員で、海塩仙壇廟、嘉興姚家山、安吉芝里などの大型遺跡の発掘を主導されてきた。現在は良渚古城及びその水利システムの考古学プロジェクトリーダーを務め、良渚遺跡の発掘作業に携わり、特に良渚の周辺水利システムの発掘を主導されている。著書には、『何以良渚』のほか、『遥遠的村居 -- 良渚文化的聚落和居住形態』(浙江攝影出版社、2007) や『従村居到王城』(杭州出版社、2013) などがある。

　2. 翻訳の経緯について

　本書の翻訳作業は 2021 年の秋に始まった。本書の翻訳を訳者が思い立ったきっかけは、何度か良渚博物館を訪れた後、良渚文化の研究成果を日本に紹介したいと思ったことである。ちょうど『何以良渚』を読み終えたところで、良渚社会の姿と構造の枠組みを詳しく記述した同書を日本語に翻訳して日本で出版したいと思った。浙江大学出版社の徐倩氏のご協力と著者の王寧遠氏の許諾をいただいたおかげで、思い描いていたことが形になった。このあとがきの執筆に当たり、両氏にはあらためて心より感謝したい。

　訳者は日本語のネイティブスピーカーではないが、大学入学後、日本語学科で日本語を包括的に学び、修士課程及び博士課程を経て、日本語言語学の博士号を取得し、長年にわたり中国浙江外国語学院で日本語教育と日本学研究に携わっており、それらの経験を活かし

たいと思った。この考古学的著作の翻訳に取り組むにあたり、果たして最後までやり遂げられるかという不安もあったが、それ以上に大きな期待を抱き興奮を覚えながら、自信を持って原著の内容を徹底的に頭に叩き込んで作業に臨んだ。

　三年間にわたる翻訳作業の中で、さまざまな方々にご助言をいただいた。とりわけ、訳稿を校正していただいた博士課程の同期の家城亜裕実博士と浙江外国語学院の葉山起久枝先生に心から感謝したい。第一章と第二章の翻訳（初稿）が完了した時、家城博士には学術用語の正確さや日本語表現の適切さについて、夜遅くまでオンラインで議論を重ねていただいた。また、そのおかげで、その後の全体の翻訳作業を順調に進めることができた。さらに、葉山先生の加入後は、中国語が堪能な家城博士と葉山先生に訳文の厳格な校正をしていただき、本書の統一性及び言葉と表現の使い方の精度を飛躍的に高めることができた。両氏に面倒な翻訳作業に辛抱強く付き合っていただいたおかげで、本書は無事に出版にこぎ着けることができた。あらためてここに深く感謝の意を表したい。

　また、著者の王寧遠氏は、お忙しい中、質問に丁寧に答えてくださった上に、貴重な資料を使わせてくださった。心から感謝したい。言うまでもないことであるが、翻訳の誤り、見落としなどに関する責任は全て訳者である私にあることを申し添えておく。

　本書を上梓するにあたって、雄山閣と連絡をとってくださった家城博士と浙江大学出版社の陸楽氏にも深くお礼を申し上げたい。

　最後になってしまったが、浙江大学出版社のご助力がなければ本書の出版は実現できなかった。この場をお借りして感謝の意を表したい。

2024年10月2日
陳　文　君

■翻訳

陳　文君　CHEN Wenjun
中国浙江外国語学院副教授
上海外国語大学日本語言語文学博士（文学）取得。
《主要著書》
『現代日語授受表達的研究——以"服務"和（交互）主観化的関連性為視点』（浙江大学出版社 2022）

■校正協力／校閲

家城亜裕実　IEKI Ayumi
上海外国語大学日本語言語文学博士（文学）取得。
主に日本語言語学の研究や、教材の開発出版（『日語視聴説教程』上海理工大学出版社 2021 など）に従事。

葉山起久枝　HAYAMA Kikue
浙江外国語学院日本語講師
明治学院大学文学部フランス文学科卒。
浙江科技大学中国語国際教育修士修了。
日本の語学学校、高等学校での中国語講師を経て中国での日本語教育に従事。

■著者紹介

王　寧遠　WANG Ningyuan

中国浙江省文物考古研究所研究員
海塩仙壇廟、嘉興姚家山、安吉芝里などの遺跡発掘を主導。
良渚古城及びその水利システムの考古学プロジェクトリーダー。

《主要著書》
『遙遠的村居―良渚文化的聚落和居住形態』（浙江攝影出版社、2007）、
『従村居到王城』（杭州出版社、2013）、
『我們這様発見良渚：良渚考古口述史』（浙江大学出版社、2023）など。

2025年（令和7）3月25日　初版発行　　　　　　　　　　《検印省略》

良渚文化とは何か
（りょうしょぶんかとはなにか）

著　者	王　寧遠
訳　者	陳　文君
発行者	宮田哲男
発行所	株式会社　雄山閣

〒102-0071　東京都千代田区富士見2-6-9
TEL：03-3262-3231㈹／FAX：03-3262-6938
URL：https://www.yuzankaku.co.jp
e-mail：contact@yuzankaku.co.jp
振替：00130-5-1685

印刷・製本　株式会社 ティーケー出版印刷

© WANG Ningyuan 2025　　　　　ISBN978-4-639-03039-3　C3022
Printed in Japan　　　　　　　　　N.D.C.222　192p　22cm

法律で定められた場合を除き、本書からの無断のコピーを禁じます。